ARTEMIS – BIBLIOTHEK

24

Carl Spitteler

MEINE FRÜHESTEN ERLEBNISSE

ARTEMIS VERLAG ZÜRICH
UND MÜNCHEN

DIE ARTEMIS BIBLIOTHEK WIRD
HERAUSGEGEBEN VON MARTIN MÜLLER.
UNSERE AUSGABE BERUHT AUF DEM IN BAND 6
DER ARTEMIS-AUSGABE VON CARL SPITTELERS WERKEN
ABGEDRUCKTEN TEXT. (© 1947 ARTEMIS-VERLAGS-AG).
EINBANDMOTIV: CARL SPITTELER IM ALTER VON EINEM
JAHR. AQUARELL VON K. VÖLLMY (1846)
GESTALTUNG: PETER RÜFENACHT, ARTEMIS

PRINTED IN GERMANY
ISBN 3 7608 0687 2

HILFLOS UND SPRACHLOS

Die Träume des Kindes

Im Anfang ist der Schlaf, lehrt tausendjährige Beobachtung. Im Anfang war der Traum, ergänzt meine Erinnerung. Und kein Traum war jemals der erste, selbst der älteste besann sich auf einen Vorgänger.

Ich spreche vom Traum im Schlafe, von der nämlichen Erscheinung, die auch dem Erwachsenen geschieht: Stilles Erwachen der scheuen Seele, wenn die

Aufpasser: der Geist, der Wille, die Sinne ermüdet ruhen, spielerische, launenhafte Verarbeitung der Themen, die das Auge bei Tage aus der Wirklichkeit geschöpft, freies Erschaffen und Erdichten von leuchtenden Bildern und Gemälden, unbefugtes Auftauchen unterdrückter Sehnsuchtswünsche unter falschem Antlitz und Namen.

Der letztere, der verräterische Sehnsuchts- und Wehmuttraum, ist ein Vorrecht des Erwachsenen. Die thematische Verarbeitung dagegen und das Dichten versteht der Traum des Kindes besser. Tausend kleine Dinge und Vorkommnisse des wachen Lebens, die den abgestumpften Erwachsenen gänzlich kalt lassen, die er nicht einmal mehr sieht und, wenn er sie sieht, nicht bemerkt, rühren dem Kinde, weil es noch frisch fühlt und weil ihm die Erdendinge neu sind, bis in die Seele und erzeugen Traumspiegelungen im Schlafe. Ich kann aus meiner Erfahrung berichten, daß mir ein Eisengitter um ein Haus, ein flüchtiger Blick in ein Kellergeschoß in der darauffolgenden Nacht ernste, tiefsinnige Träume verursachten, daß auf größere Neuigkeiten, zum Beispiel auf den erstmaligen Anblick strömenden Wassers, ein wahrer Traumsturm folgte. Und wie golden schon die Landschaftsbilder in den Träumen des Erwachsenen leuchten mögen, die Landschaften, die der Traum des Kindes malt, sind noch viel seliger und süßer. Die Träume meiner zwei ersten Lebensjahre sind meine schönste Bildersammlung und mein liebstes Poesiebuch. Niemand wird mir zumuten, daß ich sie erzähle; denn Träume lassen sich ja überhaupt nicht erzählen; sie zerrinnen, wenn der nüchterne Verstand sie mit Worten anfaßt.

Von den Sehnsuchtsträumen kennt das Kind wenigstens den Liebestraum, jenen Traum, der über eine herzinnige Gegend den Seelenodem eines geliebten Menschen wie einen Schmelz hinhaucht, während vielleicht die Gestalt des Geliebten in dem Gemälde gar nicht sichtbar wird. So erging es mir als Kind mit meiner Großmutter. Welche Märchenlandschaften immer der Traum mir vorzaubern mochte, unfehlbar schwebte der Geist meines Großmütterchens darüber.

Die Traumwelt ist ein Reich für sich, mit besonderer Landeshoheit und eigenem Verkehrswesen. Drahtlose Phantasie entführt auf geheimen Wegen den Träumenden blitzschnell an die entlegensten Stellen, zum Beispiel in die früheste Kindheit zurück, und läßt ihn dort wieder genau so schauen und fühlen, wie er einst geschaut und gefühlt hatte. Wenn ich aber im Traum die nämlichen Gefühle und Gesichte erlebe, ob ich zweijährig oder zwanzigjährig oder sechzigjährig bin, wenn ich darauf beim Erwachen es als eine Überraschung empfinde, daß ich das eine Mal mich als gesund, ein anderes Mal als krank verspüre, heute vor der Welt einen Buben vorstelle, den man maßregelt, morgen einen bärtigen Mann, vor welchem man den Hut zieht, so gelingt es mir nicht, nichts dabei zu denken. Folgendes muß ich denken: Inwendig im Menschen gibt es etwas, nenne man es Seele oder Ich oder wie man will, meinetwegen X, das von den Wandlungen des Leibes unabhängig ist, das sich nicht um den Zustand des Gehirns und um die Fassungskraft des Geistes kümmert, das nicht wächst und sich entwickelt, weil es von Anbeginn fertig da war, etwas, das schon im Säugling wohnt und sich zeitlebens gleich bleibt. Sogar sprechen kann das X, ob auch nur leise. Es sagt, wenn ich seinen fremdländischen Dialekt recht verstehe: «Wir kommen von weitem her.»

Freilufttheater

NICHT DIE BÜHNE, der Zuschauer ist es, der in dem Theater, das ich meine, Andacht verdient. Zwar ein sonderbarer, kümmerlich gestalteter Zuschauer: ein hilfloses, zwerghaftes Geschöpf ohne Sprache, ohne Zähne, mit lächerlich kleinen Gliedern und einem unmäßig großen Kopf; aber aus dem Kopfe blicken zwei klare, kluge Augen, die, ob noch unerfahren, nicht wissend, was sie sehen, Nähe und Ferne nicht schlichtend, eifrig schauen, saugen und schöpfen; und hinter den Augen lauscht das Edelste, wovon wir Kunde haben: die lebendige Seele.

Sie ist noch fremd hierzulande – halt! wart! zeig! du hast ja ein Johanniswürmchen auf dem Ärmel! wo bist du denn gewesen? – und die Neuigkeiten der Erde, die ihr die Augen melden, erfüllen sie mit Staunen. «Was ist das für ein seltsamer harter Traum dort draußen, der sich nicht verflüchtigt, dessen Bilder bestehen, am hellen Tage, bei wachen Sinnen? Und ein strenger, feindlicher Ernst weht mir aus diesem Traum entgegen, wie von etwas, das anders ist als gut.«

Das ist nun lange her. Aus dem Zuschauer ist inzwischen ein Mitspieler geworden, ungefragt, ohne seine Einwilligung; und eine mühsame Rolle gab es zu lernen, ohne Hilfe eines Buches oder Lehrers, im harten Traum, an welchem man sich stößt und der einen grausam büßt, wenn man seine Rolle nicht weiß. Darüber hat die Seele das Staunen verlernt – es gab Dringlicheres zu tun –, und der Staub der Jahre hat die Urzeit in Vergessenheit begraben. Nur wie etwa aus Trümmerschutt Bruchstücke altehrwürdiger geheimnisvoller Schriftdenkmäler, so leuchten noch vereinzelte Erinnerungsbilder an die Stunden nach, wo die Seele, noch Neuling auf Erden, als vermeintlich unbeteiligter Zuschauer in den Weltraum staunte. So entsinne ich mich, ergriffen wie vor einem ernsten, erhabenen Kunstwerk, wie und wo – ich könnte die Stellen zeigen – ich zum ersten Male meines Lebens einen Wald schaute, einen Regen im Freien erlebte, einen Fluß strömen sah, und ähnliches.

Kleinigkeiten, nicht wahr? So scheint es. Und doch für mich das Teuerste in meinem ganzen geistigen Besitztum. Was gelten mir zum Beispiel alle Reisen meines Lebens zusammengerechnet im Vergleich zu dem kurzen Viertelstündchen Weg, da ich eines Abends aus dem Acker des Großvaters dem Langen Hag entlang nach dem Steinenbrücklein getragen wurde? Der schwächste Schimmer eines Gedächtnisbildes aus der sprachlosen Zuschauerzeit ist mir wichtig und heilig wie dem Frommen die Bibel.

Warum so wichtig und heilig? Ich vermute, wegen des Johanniswürmchens auf dem Ärmel.

Die Großmutter

TAG UND NACHT, immer von neuem Tag und Nacht – wozu? Auf allen Seiten ungeheuerlich viele Dinge, die einen nichts angehen – wofür? Doch aus dem wüsten Wirrsal taucht zu Zeiten ein holdes Gesicht, und so oft das Gesicht nahe kommt, wird einem wohl. Jetzt braucht man nicht mehr zu wissen, warum, fragt überhaupt nicht mehr nach etwas anderm. Dieses Gesicht wurde mir lieb, und mit der Zeit, als ich anfing, Worte zu verstehen und nachzulallen, lehrte man mich seinen Namen: «Großmutter».

Man kann heißer und leidenschaftlicher, aber nicht inniger und seliger lieben, als ich in meinem ersten Lebensjahre meine Großmutter liebte. Eine ruhige, stetige Liebe ohne Trübung, glücklachend, herzjauchzend, mit selbstverständlicher Gewißheit der Gegenliebe, eine Liebe, frei von Wünschen und Seufzern, von Werbung, Versteckspiel und Verschweigen. Lauter Gewinn: Trost, Labsal und Erquickung.

War die Großmutter leiblich zugegen, so liebkoste ich sie. Doch nicht etwa mit Küssen – pfui! was haben nur die Großen ewig mit ihrem dummen Küssen! –, sondern mit zärtlichen Händen das traute Gesicht betastet, einerlei wohin, auf den Mund, auf Stirn und Augen, auf die unvergleichlichen runzligen Backen. Es kam vor, daß sie mürrisch dreinschauen, schmälen, schelten wollte. Warum nicht gar! Strenge aus diesem Munde? Das nahm ich gar nicht ernst, das lachte ich einfach weg.

Vielleicht noch glückstiftender wirkte die abwesende Großmutter. Ihr Name, der alles Gute enthielt, vergoldete meine Träume, versüßte mir Feld und Flur. Fremd und kalt glotzte mich die Umwelt an; ein Aufleuchten der Vorstellung von der Nähe der Großmutter, so war das Gelände entsühnt, gesegnet, verwandt.

Es war eine treue Liebe; zehn Jahre hat sie ungemindert vorgehalten, allmählich durch Hinzukunft der Sehnsucht sich sogar noch steigernd, und als sie später nachließ, lag die Ursache nicht an mir. Die größte Bedeutung aber hatte sie für mich am Lebensanfang. Denn in meinem ersten Jahre bedeutete mir die Großmutter mein Glück, meine Poesie, mein verklärtes Ich.

Wenn ich gegen Ende meines ersten Lebensjahres, also etwa nach meinem erstmaligen Ausflug nach dem Steinenbrücklein auf dem Arm der Großmutter, gestorben wäre, so würde ich dort, von wo ich herkam, während man in Liestal ein kleines Kind mehr begrub, den Mund zum Erzählen weit aufgemacht und nach einem langen tiefen Atemzug Unerschöpfliches davon zu berichten gewußt haben, was ich alles auf der Erde Erstaunliches gesehen und erlebt. Und hätte man mich dann geheißen, den Inhalt meiner irdischen Erlebnisse zusammenzufassen, so würde ich gesagt haben: «Viel Gras und Liebe».

Ich zweifle, ob ich in meinem ganzen späteren Leben wesentlich Neues dazu erlebt habe.

Wenn mich aber jemand fragte: «Wann in deinem Leben warst du am meisten Ich? welches deiner Ich in den verschiedenen Lebensstufen geht dich am nächsten an? welches davon würdest du bekennen, falls du wählen müßtest?» – so würde ich antworten: «Das meiner frühesten Kindheit».

Wach in den scharfen Tag

WÄHREND ICH IN der Regel, um Luft zu schöpfen, nach des Großvaters Acker auf dem Hügel hinter dem Hause gebracht wurde, trug mich das Dienstmädchen einige Male in der Richtung nach dem Städtchen (Liestal), sei es vorn aus dem Hause auf der Landstraße bis zum Stadttor und hinten herum zurück oder in umgekehrter Folge: hinten hinaus und auf der Landstraße heim. An diese Ausflüge in städtischer Richtung knüpfen sich meine ältesten völlig klaren Erinnerungen aus dem nüchternen Tagesleben bei wachen Sinnen.

Ich spürte mich auf dem Arm von jemand herumgetragen, der mich schon früher herumgetragen hatte und der nicht meine Mutter war. Eine Unmenge Licht und Luft traf mein Gesicht. Nach welcher Seite ich die Augen wendete, erblickte ich unglaublich hohe lautlose Dinge, die ich deutlich sah, aber nicht begriff. Und von Zeit zu Zeit rückten ähnliche unmäßig hohe Undinge zu beiden Seiten heran. Diese stummen Ungeheuerreihen gewahrte ich weder staunend noch ängstlich, bloß befremdet und ein wenig scheu. Allmählich, wie das so fortdauerte, wurde mir trübselig zumute. Die ganze Geschichte begann mir zu verleiden, außen wie innen. Denken konnte ich noch nicht, nur fühlen. Mein Gefühl, in Gedanken übersetzt, würde gelautet haben: «Ich mache nicht mehr mit.» Plötzlich, auf dem Rückwege, zwischen einem Zaun und einem Acker, blitzte mir ein Trost auf: «Die Dinge hier herum kenne ich, von hier geht es zu einem trauten Nestlein und wohlgesinnten Menschen hinunter.» Ob dieser Erkenntnis fiel auf den tröstlichen Fleck Erdboden ein schöner Schimmer, der ihn von der wüsten, weiten Welt auszeichnete. Der schöne Schimmer ist nie erloschen. Zeitlebens hat mir von damals her jenes schmale Weglein auf dem Hügel des Großvaters für den Urkern meiner Heimat gegolten.

Ein anderes Mal, als der Ausflug in umgekehrter Richtung geschah, zeigte auf dem Rückweg die Gestalt, die mich auf dem Arm hielt, mit eifriger Gebärde nach einer himmelhohen, kahlen, häßlichen Mauer. Und da ich dem Zeichen mit gleichgültigem Blick folgte, nicht begreifend, was man von mir begehrte, redete sie mit aufmunternden Locktönen auf mich ein, bis ich endlich mit Anstrengung aller Geisteskraft erriet, inwendig, hinter dieser häßlichen Mauer, wohnten die guten Menschen, die täglichen, die meinigen. Und jetzt wurde die häßliche Mauer schön, das heißt nein, sie blieb genau so häßlich wie vorher, nur war etwas wie ein durchsichtiger Schein darüber, wenn man an das dachte, was dahinter wohnte.

Später wurde ich einmal ins Städtchen selber getragen. Nachdem wir durch einen finstern Hausgang aus der Hauptstraße in eine Nebengasse gelangt waren, kamen wir vor ein enges Gäßlein, in welchem eine

Reihe aufgebrachter Weiber mit den Armen wütend in qualmenden Kesseln herumschlugen. Ganz in Dampf waren sie versteckt. Hoffentlich geht es nicht etwa durch dieses gefährliche Gäßlein! Doch wahrhaftig – warum denn? zum Ausweichen ist ja Platz genug – schwenkte meine Trägerin gerade dorthin. Nun wollte ich mich gewaltig fürchten. Allein, sonderbar, das Fürchten gelang mir nicht, es war mir zu schwierig. Ich konnte einzig die Augen aufreißen und den zornigen Weibern entgegenstarren. Diese aber, als ich dicht vor ihnen vorübergetragen wurde, taten mir nicht das mindeste zuleide. Im Gegenteil, sie lächelten mich lieblich an und nickten mir herzliche Grüße zu, wie die Großmutter. «Sind das nun fortan alles meine Großmütter?» fragte ich mich auf dem Heinwege. Und noch mehrere Tage nachher meinte ich jedesmal, wenn die Tür aufging, meine neuen Großmütter müßten hereinkommen. Vergebliche Hoffnung. Es blieb bei der einzigen Großmutter. Schade!

Kinderstubenprosa

AUS DER WIEGEN- und Kinderstube habe ich wenig Gutes behalten: verworrene Erinnerungen an mühseliges Dasein, verschönt mit Geplärr, versüßt mit Arzneiflaschen und dürren Zwetschgen. Binde das Ganze zum Strauß, wickle ein Papier darum und schreibe darauf: «Prosa».

Freilich, wenn nichts mehr nützen wollte, gab es noch

das Fenster. Darum vom Kindermädchen auf den Arm gehoben, auf- und niedergeschüttelt, an die Scheiben getrommelt und: «Tütütütü, sieh dort die Krähe!» Krähen gab es allerdings jederzeit zu sehen, drüben jenseits der Straße, in der unabsehbar großen Matte des Großvaters. Die bewegten sich, spazierten durchs Gras, flogen auf einen Baum, krächzten, schaukelten auf dem Wipfel oder auf den Zweigen – das war wenigstens etwas, obschon nicht viel. Immer das nämliche, keine Hoffnung auf Abwechslung. Als Vorspiel annehmbar, hingegen das Hauptstück, das man von ihnen erwartete, die besondere Überraschung, blieben sie einem schuldig. Besser schon, wenn es hieß: «Tütütütü, sieh dort den Storch!» Ja, dann sperrte ich die Augen auf und wandte keinen Blick von dem prächtigen Herrn, solange er auf der Matte stolzierte. Leider war der Storch kein täglicher Gast wie die Krähen, es gab sogar unendliche öde storchlose Zeiten. Warum ist die Matte so freigebig mit unnützen Krähen und so geizig mit den tröstlichen Störchen? Nein, von der trügerischen Matte will ich nichts mehr wissen! aufhören mit «tütütü»! weg vom Fenster! Also geplärrt, zornig mit den Beinen gestrampelt und mit den Armen um sich geschlagen.

Und erst, wenn es regnete! O Jammer! o Elend! o Verzweiflung! Ja, Verzweiflung, echte, abgrundtiefe, uferlose Verzweiflung. Das Kind kennt ja noch nicht die Vergänglichkeit aller Zustände. Es meint, weil es überall regnet und beständig regnet, werde es immer regnen. Die gepriesene Fähigkeit des Kindes, im Augenblick aufzugehen, hat eben auch ihre Kehrseite. Überhaupt: die Weltanschauung des Kindes! Doch halt! ich möchte nicht in die Philosophie geraten.

Zwei Erfahrungssätze aus meiner Kinderstubenzeit darf ich mir aber nicht erlauben zu verschweigen: Man kommt nicht jung auf die Welt und wird allmählich älter, sondern umgekehrt: anfänglich fühlt man sich uralt und erst viel später jung. Es gibt, von innen gefühlt, gar keine Kinder; das ‹Kind› ist eine Erdichtung der Erwachsenen.

Gutes hinter den Bergen

MEIN VATER WOHNTE in einem Anbau der Brauerei Gebrüder Brodbeck vor dem Obern Tor zur Miete. Im ersten Stock hatte er seine Familie – dort bin ich geboren –, im Erdgeschoß seine Kanzlei, zuerst als Statthalter (préfet), hierauf als Landschreiber (Kanzler).

In ältester Urzeit wurde ich eines Abends, als es schon finster war, in die Kanzlei hinuntergetragen, wo zwei unbekannte Frauen saßen, die mir mit lockenden Tönen zur Begrüßung empfohlen wurden. Aus den Locktönen erriet ich, daß es sich um freundliche Gestalten handelte. Mehr begriff ich nicht; ich war noch nicht fähig, Worte und Namen zu verstehen und mir fremde Gesichtszüge zu merken. Sehen zwar konnte ich jede ihrer Bewegungen, aber ich sah sie wie eine Pantomime. Auch wußte ich noch gar nicht, was das ist, will und bedeutet: sprechen, reden, sich unterhalten. Ich sah wohl die Lippen sich bewegen, hörte deutlich alle Stimmen, unterschied sie sogar voneinander, doch wozu die Töne geschahen, war mir rätselhaft. Und wie nun folgends von den Anwesenden einige von den Stühlen sich erhoben, den Platz wechselten, sich anders paarten, bald mit diesem, bald mit jenem in der Kanzlei auf- und abschritten, wurde mir vor dem erstaunlichen Anblick unheimlich. Scheu sah ich dem unverständlichen Vorgang zu.

Dann klingelte ein Fuhrwerk vors Haus, die eine der Frauen gab allen die Hand und fuhr gegen das Städtchen in die Nacht hinein. Gleich darauf erschien ein zweiter Wagen, und die übrige, von Papa vor die Haustür begleitet (ich höre noch seine Stimme, wie er sie verabschiedete), reiste nach der entgegengesetzten Seite in die Nacht davon.

Durch diese zwiefache nächtliche Abreise gewann ich die Ahnung, daß irgendwo, weit, weit von hier, in dunkeln Gegenden hinter den Bergen, wohlgesinnte Menschen hausten. In der Folgezeit zeichneten sich diese in meiner Vorstellung nach und nach deutlicher ab. Mein Ohr begann einige Namen zu erfassen und zu behalten: Urgroßmutter, Base, Tante, Tantegotte, Langenbruck, Waldenburg. Da jedoch meine Fähigkeit, Verwandtschaftsverhältnisse auseinanderzulesen, äußerst gering war, wurde zur Erleichterung des Verständnisses alles, was Gutes in der Ferne wohnte, ‹Base› getauft. Also ‹Base Urgroßmutter›, ‹Base Salome›, ‹Base Tantegotte› und so weiter.

Leibhaftig bekam ich diese Basen nicht zu Gesicht. Dagegen machten sie sich hin und wieder durch leckere

Überraschungen lieblich bemerkbar. Bald kamen Rosinchen, bald Schenkeli zum Vorschein, andere Male gab es einen ‹Bhaltis› (Aufbehaltenes) von einer Hochzeit oder einem Geburtstag oder einem Leichenschmaus. Es nützte nichts, daß man mir den Namen des zweibeinigen Osterhasen jeweilen zum dankbaren Gedächtnis mitteilte, mein Gehirn schaffte immer Verwirrung; bis man schließlich die Basen nach ihren Lieblingsgeschenken unterschied, also zum Beispiel ‹Rosinenbase›, ‹Schenkelibase› und so weiter. Diese Verwandtschaftsgründe begriff ich.

Die Lebensgewohnheiten der unsichtbaren Basen dachte ich mir, das war meine Logik, ihren Sendungen gemäß zurecht. Die eine köcherte jahraus, jahrein heimlich Schenkeli, eine andere, hinter einem Busch versteckt, Leckerli. Von Zeit zu Zeit, wenn die Lustigkeit sie übernahm, besuchten sie einander hinter den Bergen und kamen von allen Seiten bei der Urgroßmutter oben in Langenbruck zusammen auf einer runden Wiese zwischen den Bäumen, klatschten in die Hände, lachten, sprangen und tanzten miteinander. Dann gab es einen Bhaltis.

Unerwartet fügte sichs dann, daß ich mit einer der Basen traulich bekannt wurde. Und zwar gerade mit jener, von welcher am seltensten die Rede war, mit der Tante Gotte in Basel.

IN BASEL

Das erste Reischen

Meine Großmutter war schwer erkrankt, meine Mutter widmete sich ihrer Pflege. Um sie zu entlasten, erbot sich die Schwester meines Vaters, die Tante Gotte (so genannt, weil ihr Mann mein Götti, das heißt mein Pate war), mich so lange zu sich nach Basel zu nehmen, bis die Großmutter genesen wäre. Der Großvater, der ohnehin in Basel zu tun hatte (Schweinchen kaufen), sollte mich ihr bringen.

So wurde ich denn eines Morgens als ein lebendiges Päcklein neben den Großvater auf ein Bauernwägelein gesetzt, ohne im mindesten zu begreifen, warum und wozu. Mir war bloß aufgefallen, daß ich im ganzen Haus herumgeboten wurde, wobei jeder der Reihe nach mich herzte und mit ungewöhnlicher Stimme eifrig auf mich einsprach. Das alles ließ ich unverstandenermaßen geduldig mit mir geschehen, war ichs doch gewohnt, nach anderer Leute Belieben vom Boden aufgehoben und fortgetragen zu werden. Von Reisemut oder Reiseneugier kein Anflug, ich erfaßte ja noch nicht einmal, was das ist, eine Reise.

Die Fahrt ging auf der Landstraße durch die Wirklichkeit, an unendlich vielen unnützen Dingen vorbei, immer neuen. Nach einer langwierigen Fahrt, wie wir um die Ecke einen Rain hinabfuhren, zeigte der Großvater mit der Geißel vorwärts in die Weite. «Sieh dort, das ist Basel», verkündete er. Das sagte mir gar nichts. Was heißt das: ‹Basel›? Auch war mein Auge noch nicht reif, eine Fernsicht zu lesen. Dagegen der Anblick in der Nähe, ein mit langen, hohen, magern Bäumen umstandener Fluß, machte mir einen tiefen Eindruck. Das war das erste Mal meines Lebens, daß ich eine Gruppe von landschaftlichen Dingen als Einheit zusammenzufassen und Stimmung daraus zu schöpfen verstand. Der Eindruck jener Flußlandschaft ist denn auch zeitlebens in meinem Herzen lebendig geblieben.

In Basel angekommen, entdeckte ich anfänglich nichts Sehenswertes: lange Reihen gleichförmiger Häuser mit Gittern vor den Fenstern. Doch sieh! o

Entzücken! In einem niedrigen, netzumspannten Pferch neben der Straße eine Menge kleiner, herziger Schweinchen! O wenn ich hier weilen dürfte! Wohl mir, der Wagen hielt an, und der Großvater stieg richtig ab, um mit den Schweinchen zu spielen. Aber warum nahm er mich denn nicht mit und ließ mich sitzen? Das fand ich ungerecht. Neidisch schaute ich ihm nach, wie er sich den Tierchen näherte. Zuerst tat er gar nichts, sondern sah nur immer die Schweinchen an und redete mit den Mannsleuten, die um den Pferch herumstanden und ebenfalls hineinguckten. Plötzlich bog er sich über das Geländer und riß ein Ferkel an den Hinterbeinen grausam in die Höhe, so daß es mörderlich schrie und quiekte. Und gleich darauf ein zweites und drittes. Pfui, was für ein abscheuliches Spiel! Nein, das hätte ich von meinem guten, sanften Großvater nicht erwartet. Ganz empört und verstimmt wurde ich darob. Nachdem er das häßliche Spiel eine Weile getrieben hatte, stieg er wieder auf und fuhr mit mir weiter. Aber ich war irr an ihm geworden; mir kam vor, ich könnte ihn gar nicht mehr recht gerne haben.

Bald nachher kamen wir zu einem freien Platz, wo es ein Gewimmel und einen Lärm gab, daß einem schwindlig davon wurde. Eine Unmasse von Menschen, Mannsvolk und Weibervolk durcheinander, rufend und schreiend, dazwischen Pferde, Hunde und Bauernwägelein, Körbe, Haufen von unbekannten Dingen – man wußte gar nicht, was man eigentlich sah. Und der ganze Wirrwarr bewegte sich unaufhörlich hin und her und im Kreise herum. In dieses Gedränge hinein lenkte der Großvater unser Wägelein, langsam, langsam um die Ecken, ohne Gasse, ich begriff nicht, wie er es fertig brachte, sich hier durchzuzwängen. Mitten in dem Getümmel machte er halt, stieg aus und sprach eine lange Zeit mit allerlei Leuten um ihn herum. Dann sagte er zu mir, er gehe jetzt fort, ich brauche jedoch keine Angst zu haben, er komme bald zurück, ich solle unterdessen nur ruhig sitzen bleiben. Darauf verschwand er. Gehorsam blieb ich sitzen und rührte mich nicht. Allmählich aber kam mir vor, es dauere merkwürdig lange, bis er zurückkehre. Und immer länger dauerte es, und nie kehrte er zurück. Und wehe, wie böse mich alle die fremden Menschen ansahen und wie grimmig die Pferde! Wohin ich blickte, nirgends etwas Freundliches, ringsum Feindesgefahr. Wann wird er endlich kommen und mich retten? Nach unendlichem, ungeduldigem Warten packte mich jählings die Angst. Half mir jemand auf den Boden, oder saß ich vielleicht überhaupt nicht mehr im Wagen? Das weiß ich nicht mehr, ich weiß bloß noch, daß ich mich aufmachte, den Großvater zu suchen. Kaum hatte ich ein paar Schritte getan, blindlings und töricht in die Irre, so faßte mich jemand an der Hand. Er wisse, wo der Großvater sei, tröstete er, ganz in der Nähe, er wolle mich zu ihm führen. In einem engen, rauchigen, mit Menschen überfüllten Stübchen fand ich ihn, an einem Tisch sitzend, vor einem Teller und einem Glase, hoch erstaunt über mein Erscheinen. «Ich habe dir doch gesagt, ich komme bald wieder.»

Hernach überlieferte er mich der Tante Gotte. «Tut es dir denn gar nicht leid», redete sie mich nach der ersten Begrüßung an, «spürst du denn gar nichts dabei, daß die Großmutter krank ist?» Vergebens strengte ich mich an, herauszubekommen, warum mir das leid tun sollte. Wenn die Großmutter krank sein sollte, so wird sie wohl selber am besten wissen, warum. Überhaupt, was heißt das: ‹krank›? Immerhin erriet ich aus dem Tonfall, daß ich etwas Unrechtes müsse begangen haben, ob ich schon keine Ahnung hatte, was. Darum schämte ich mich, der Spur nach, wie ein Hund, wenn man im Tone des Vorwurfs zu ihm redet. Darauf verzog sich der Großvater, und ich verblieb in der Gewalt der Tante Gotte.

Ein wohnliches Gäßlein

AM FOLGENDEN TAGE, während die übrigen beim Mittagessen saßen und ich ihnen zuschaute, überkam mich plötzlich das Bewußtsein, daß ich nicht mehr in Liestal sei und daß das gesamte bisherige Leben der Vergangenheit angehöre. Beim Aufschein dieses Gedankens drehte sich etwas Leuchtendes, Schönfarbiges, das jedoch nicht Bildgestalt annahm, in mir herum, mich seltsam und tief erregend und ein Nachgefühl der Gehobenheit hinterlassend. Mir war zumute, als ob dadurch, daß ich solch einen erstaunlichen Lebenswechsel erfuhr, mein Ich gewachsen wäre. Aber freute ich mich denn eigentlich darüber, daß ich in Basel war?

oder freute ich mich nicht? Nun, das ist einmal so, laß sehen, was für Abenteuer es im Hause der Tante Gotte gibt.

Das vergnüglichste war die Treppe. Die konnte mirs. Eine Ringeltreppe von der Haustür bis oben, und vor jedem Stockwerk war die Treppe wie ein Stall von einem niedrigen Türchen abgesperrt, kaum höher als ich, so daß die Tante Gotte mit mehr als ihrer Hälfte darüber wegschauen konnte. Diese sonderbare, lustige Ringeltreppe wurde mein Lieblingsaufenthalt, dort schneckte ich auf und nieder. Hatte ich genug davon und wollte ins Zimmer, so mußte ich rufen. Dann kam etwas Weibliches zum Vorschein, öffnete mir das Türchen und ließ mich wie ein Hündchen ein.

Bald wurde mir aber ein noch viel besserer Spielplatz gestattet. Neben dem Hause, unmittelbar vor der Haustüre, lief ein enges, steiles Stapfelgäßlein, Fuhrwerken unzugänglich, von Fußgängern selten benützt. In diesem Gäßlein nun durfte ich mich aufhalten wie in einer Wohnstube. Offenbar traute man mir nicht die Kraft zu, mich unversehens zu entfernen. Zum Überfluß wurde mir eingeschärft, mich weder bis zur Straße hinunter, noch bis zum Bächlein hinauf zu vergehen. In der ersten Zeit erschienen alle Augenblicke Gesichter oben an den Fenstern, die nach mir sahen und mir freundlich zunickten. Die Gesichter kamen nach und nach seltener zum Vorschein; schließlich blieb ich längere Zeit unbehelligt. Man hatte mich beobachtet, mich brav und weise befunden, man war beruhigt.

In der Tat begehrte ich auch gar nichts anderes, als in

dem stillen, wohnlichen Gäßlein zu bleiben. Schon das gedämpfte Licht zwischen den hohen Mauern sagte mir zu, ich mochte nicht das laute Geschrei der rohen Tageshelligkeit. Es brauchte daher nicht erst der Warnung vor der Straße unterhalb des Gäßleins; das Getümmel der vielen Menschen, die dort im grellen Sonnenlicht hin und her rannten, hatte keinen Reiz für mich, schreckte mich vielmehr ab. Dann das Bewußtsein, im Freien zu weilen, unter einem Dach von Himmel, statt in der geschlossenen Stube, ferner das stolze Gefühl der Unabhängigkeit, da ich mich nach eigenem Belieben, ohne dem Zug einer fremden Hand zu folgen, umdrehen und hin und her bewegen durfte. Auf eigenen Beinen krabbeln, ob schwankend und stolpernd, das schmeckt. Endlich: ich verstand, allein zu sein, brauchte niemand, falls es Neuigkeiten zu schnuppern gab. Und Neuigkeiten gab es in dem traulichen Gäßlein. Hunderte von Steinchen, wohin man nur blickte; eines neben dem andern, dazwischen hie und da ein Büschel Gras und ab und zu eine Mücke oder Spinne zu Gast. Dann die Steinbänder der Stapfeln, niedrig, kaum über die Steinchen hervorragend, so daß ich sie zu überwinden imstande war. Bergsteigen, das beweist Kraft. Den muffigen Geruch aber, der vom Bächlein herunterhauchte, an sich eher unanmutig, deutete ich als Wohnlichkeit, der gehörte scheints zu dem heimeligen Gäßlein. Das alles genügte vollkommen zu meiner Zufriedenheit. Unersättlich kletterte ich die ergötzlichen Stapfeln auf und nieder. «Daß du mir nur ja nicht etwa zum Bächlein hinaufgehst!» mahnte von oben die besorgte Stimme der Tante Gotte. Bewahre! was brauchte ich das Bächlein!

Das verlorene Kind

UND SO STAND ich denn richtig oben am Bächlein. Ganz von selber, ich hatte es gar nicht beabsichtigt, wahrscheinlich war es von sich aus zu mir gekommen. Oh, das lustige Wässerlein mit seinen glitschigen Wellen! Was wohl alles darin leben mag? Und die vielen köstlichen Bretter, Brücklein, Läubchen über dem Bach! Und das herrliche Durcheinander von Mäuerchen, Gärtchen gegenüber! Brav sein, mahnte das Gewissen, nicht auf die Brücklein, das ist gefährlich! Ich war brav, trat nicht auf die Brücklein, wie sehr sie mich lockten, erlaubte mir nur, zum Versuchen, ein bißchen dem Wasser entlang, vorsichtig, nicht weit, gleich wieder zurück, und noch ein paarmal hin und zurück, bis mir auf einmal einfiel, daß ja hier oben verbotene Gegend war. Also gehorsam umgedreht, und ohne Verzug heim. Allein von wo war ich denn eigentlich hergekommen? Unglaublich, wie verändert mich jetzt plötzlich alle Dinge anstarrten: fremd, unheimlich, strenge, vorwurfsvoll. Und das heimelige Stapfelgäßlein, das ich soeben erst verlassen, war wie weggeblasen. Ich kann mich doch unmöglich in so kurzer Zeit verirrt haben. Das Gäßlein muß ganz nahe sein.

Nachdem ich, ein wenig aufgeregt, aufs Geratewohl nach beiden entgegengesetzten Richtungen ein Versuchslaufen angestellt, geriet ich durch Zufall, o Freude, unvermutet in den gesuchten engen Abstieg. Doch merkwürdig, die Stapfen waren verschwunden. Unglaublich, unmöglich, aber sie waren halt einfach fort. Und die Haustür, o Schreck, war ebenfalls nicht mehr da. Sie muß aber da sein, ich weiß sogar genau wo, in der Mitte des Gäßleins, und hier ist die Mitte des Gäßleins, also. Trotzdem war sie eben nicht da. Was ist denn jetzt das? Wäre es wirklich möglich, daß Stapfeln und Haustüren nur so verschwinden? In Liestal gewiß nicht, aber vielleicht, wer weiß, in Basel? Wahrscheinlich zur Strafe, weil ich ans Bächlein gegangen bin. – Ein abscheulicher Einfall! Wenn die Haustür nicht wiederkommt, gelange ich nie zur Tante Gotte. Ob diesem Gedanken überfiel mich die bleiche Angst. Weinend taumelte ich fortwährend um die Stelle der Mauer, wo früher die Haustür gewesen war. – Ein Hoffnungsstrahl: vielleicht täuscht dich dein Gedächtnis, möglicherweise war sie weiter unten. In fieberhafter Aufregung floh ich abwärts. Da sprang mit einem Satze das Gäßlein auseinander: statt an die Haustür, gelangte ich in den weiten Sonnenrachen der Straße, umschwirrt von wilden Menschen, welche wie unsinnig hin und her rannten. Verloren! endgültig verloren! Aus diesem wilden Gewühl, aus dieser gelben, gleißenden Tageswüste finde ich mich nie mehr zur Tante Gotte zurecht.

Jemand hielt mich an und stellte mich. Andere Leute kamen herzu und umringten mich. Wer ich sei, wie ich heiße, wo ich wohne, fragten sie. «Tante Gotte», jammerte ich. «Ja, wie heißt sie denn, deine Tante Gotte, wo wohnt sie?» «Tante Gotte.» Mehr als dieses einzige Wort wußte ich nicht zu sagen. Das hätte noch lange währen können. Da kamen zwei Frauen in angstvoller Hast dahergestürzt, die eine von oben, vom Gäßlein, die andere von unten auf der Straße. Und – o Erlösung! – die eine war die leibhaftige Tante Gotte!

Auf dem Heimwege erklärte sich mir meine Verirrung: ich war in ein zweites bergablaufendes Gäßlein geraten, das dem heimischen zum Verwechseln gleichsah. Aber von Stund an war es aus mit dem wohnlichen Gäßlein.

Allerlei Basel

DIE TANTE GOTTE hatte den ganzen geschlagenen Tag für mich übrig, weil tagsüber ihr Mann auf dem Bureau, ihre beiden Kinder in der Schule waren. Da es mit dem Gäßlein nichts mehr war, führte sie mich manchmal aus dem Hause. Mir auch recht. Zunächst über die Straße an die jenseitige Ecke, wo eine alte Jungfer namens Beggli (schreibe Böcklin) in einem dunklen, unerfreulichen Tuchladen hauste. Die Jungfer Beggli wartete jedesmal, bis man sich genug gelangweilt hatte, nachher langte sie einem aus einer geheimen Schublade schmunzelnd etwas Leckeres hervor. Mit dieser Jungfer Beggli schloß ich Freundschaft, so daß ich sie auch später, in meinen Schuljahren, so oft ich nach Basel kam, flüchtig besuchte. Dann erzählte sie mir mit Stolz von ihrem Neffen, dem Arnold, der auch so gern zeichne wie ich; er wolle Künstler werden, damit er täglich zeichnen dürfe, und sei gegenwärtig in Rom.

Weniger freuten mich die Spaziergänge in der Stadt herum. Ich konnte diesem sogenannten Basel keinen Geschmack abgewinnen. Nichts als unvernünftig viele Häuser und fremde Menschen. Was fange ich damit an? Nicht einmal die Kaufläden vermochten mich zu reizen, dafür war ich noch zu klein, auch zu verwirrt von dem Gewühl der Straße. Immerhin mit Ausnahmen: Einmal erblickte ich im Vorübergehen zufällig durch ein Fensterchen eine unterirdische Wohnung. Das machte mir einen großen Eindruck, ich träumte mehrmals in der Nacht davon, sogar noch später, als ich schon wieder nach Liestal zurückgekehrt war. Basel bedeutete fortan für mich die Stadt, wo die Menschen unterirdisch wohnen. Ein anderes Mal kamen wir, nachdem wir mitten in der Stadt einen Berg bestiegen hatten, plötzlich zu Bäumen und Bänken. Das war mir erstaunlich, und meine Träume erzählten davon.

In Basel wohnten mir außer der Tante Gotte noch andere Verwandte: eine Schwester meiner Großmutter mit Sprößlingen. Mit diesen wurde ein Spaziergang verabredet. Die Tante Gotte mit mir kam von der einen Seite, die Großtante mit einem Herrn und einer Frau von der andern Seite zusammen. Bei der Begrüßung schenkte mir die Großtante etwas Süßes in einem Schächtelchen, was ich ihr nicht vergessen habe. Dann pilgerten wir gemeinschaftlich auf einem langwierigen Wege nach einer Stelle, wo es hieß, das wäre die französische Eisenbahn. Die andern machten ein gewaltiges

Aufheben davon, ich dagegen vermochte hier nichts zu erblicken als ein ungeheueres schwarzes Loch in einer Mauer und davor ein paar eiserne Stangen auf dem Boden. Was hieran Merkwürdiges und Wichtiges sei, konnte ich nicht begreifen. Aber der Traum malte mir nachher ein paar Bildaufnahmen von der Strecke unterwegs nach der Eisenbahn.

Mit den nämlichen Verwandten erlebte ich noch etwas Französisches, diesmal ohne die Tante Gotte. Wir fuhren zusammen in einem zweispännigen Wagen bei Regenwetter nach Frankreich. In Frankreich angekommen, schwenkten wir links ab, in einen Garten, und tranken in einem Häuschen Kaffee. So wenigstens behauptete meine Erinnerung. Sie behauptete keine Unwahrheit. Die Großtante hatte einen Garten nahe der französischen Grenze, dorthin fuhren wir. Unterwegs mag von Frankreich die Rede gewesen sein; das vermischte meine Verwechslungskunst.

Einen unseligen Ausflug vollführte die Tante Gotte mit ihrem Mann und mir an einem Sonntagnachmittag: über Birsfelden in die Hardt, ich weiß nicht mehr, ob zu Fuß oder im Kinderwagen, ich glaube fast, zu Fuß. Jedenfalls in der Hardt wurde ich genötigt, eine Strecke weit zu Fuß zu gehen. Die Sonne brannte unbarmherzig herab, und ich war so müde und erschöpft, daß man mich auf den Arm retten mußte. Überhaupt, die Sonntagnachmittags-Spaziergänge mit Kindern! Doch das gehört in meine Schulzeit, nicht hierher.

Wonne

DANN WURDE ICH krank, und die Tante Gotte pflegte mich. Pflegte mich so treu, so hingebend, so sanft, daß sie mein Herz gewann.

Als ich schon fast wieder gesund war, erlebte ich einen seligen Augenblick. Ich hatte geschlafen und lag noch im Schlummer. Ehe ich völlig aufgewacht war, trat jemand an mein Bett, das schönste, größte Bett in der ganzen Wohnung, im Hauptzimmer, und wie ich die Augen aufschlug, um zu erfahren, was da käme, lächelte mir das Gesicht der Tante Gotte zu, während mich gleichzeitig das ruhige, milde, durchsonnte Nachmittagslicht traf. Es war ein Tagschlaf gewesen.

Bei diesem Augenaufschlag mit dem Blick in ein vom schönen Tag umspieltes Freundesgesicht durchströmte mich ein wundersames Gefühl, das ich nicht anders zu benennen weiß als mit dem Namen: Wonne. Was bedeutet eigentlich, genau gedacht, Wonne? Ich schlage meinen Sanders auf und lese: «Wonne: Seelenweide.» Ja, richtig, Seelenweide, das ist es, aber übereingestimmt mit körperlichem Glück, wie es sich aus Gesundheitsgefühl, Lebensfrische nach erquickendem Schlaf, Begrüßung durch das farbige Tageslicht zusammensetzt. Tageslicht und Farbe schienen mir für das Entstehen der Wonne wesentlich zu sein, wenigstens nach meiner Erfahrung. Ich habe später das Wonnegefühl noch mehrere Male erlebt, und immer geschah es beim Aufwachen aus dem Tagesschlummer, am vollkommensten, wenn das Freundesgesicht durch einen farbigen Vorhang grüßte. Seit diesem wonnigen Augenblick war ich der Tante Gotte völlig ergeben. Ich gehörte ihr, und zwar ihr allein, sie war mir eins und alles, ich bedurfte und wollte keinen anderen Menschen.

Da erschien in Hut und Schal eine junge fremde Frau im Zimmer. Ich meinte, es wäre irgendein Besuch, da war es meine Mutter, die mich heimholen kam. Ich hatte nach zweiwöchentlicher Abwesenheit meine Mutter nicht wiedererkannt!

Ungerne trennte ich mich von der Tante Gotte, konnte auch gar nicht begreifen, warum ich von ihr fort müsse und was ich in Liestal solle.

Von der Heimfahrt ist mir ein einziges Erinnerungsbild geblieben: wie der Großvater nach einem Streifen Häuser deutete, die wie zusammengebacken beieinander standen. «Sieh dort, Liestal!» meldete er im Ton der Freude, zutunlich, in der Meinung, mich aufzuheitern. Allein was ging mich Liestal an? So weit vermochte mein Heimatbewußtsein noch nicht zu spannen, um ein ganzes Städtchen zu umfassen. Die Wohnstube und die Kanzlei, dahin gehöre ich. Und die Großmutter muß dabei sein. Alles übrige ist gleichgültige Welt.

IM REICHE DER GROSSELTERN

Hinter dem Hause

Sobald ich mich auf meinen Beinen leidlich sicher fühlte, geriet ich so natürlich aus der Wohnstube ins Freie hinunter wie ein flügger Sperling aus dem Nest. Unten befand ich mich im Reiche meiner Großeltern, denn alles weit und breit war Eigentum des Großvaters und seines Bruders, des ‹Götti›. Die beiden Brüder waren über Tag meistens abwesend, der Götti, der Bierbrauer, mit seinen Knechten im Brauhause, der Großvater, der Gärtner und Landbauer, auf dem Felde. Zu Hause schaltete unterdessen die Großmutter; ihrem Schutze durfte man mich getrost überlassen. Ihre Aufsicht über mich war um so erwünschter, als meine Mutter mit meinem neugeborenen Brüderchen genug zu tun hatte.

Vorn hinaus auf die Straße mich zu vergehen, war strengstens untersagt. Mit Recht, denn zu viele Fuhrwerke machten damals, wo es noch keine Eisenbahn gab und der Verkehr von Basel nach der Innenschweiz am Hause vorbeiführte, die Straße unsicher. Aus diesem Grunde bin ich auch nie in die Wiese jenseits der Straße gekommen. Also hinten hinaus, in den Hof, in den Garten, auf den Kegelplatz, an den Rain des Hügels. Dort drohte keine Gefahr, da Zaun und Tor einen sichern Abschluß gegen die Straße bildeten.

Der Hof war geräumig, aber unerfreulich, nämlich leer und düster. Nach links und rechts ermangelte er des Abschlusses. Links ging es zum Kegelplatz und Garten, rechts zu dem nichts weniger als lieblichen Hinterhause der Wirtschaft ‹Zur Kanonenkugel›. Der sonderbare Name wollte daran erinnern, daß vom Überfall der Basler her noch eine Kanonenkugel in der Mauer steckte. Die eine Langseite des Hofes wurde vom Wohnhause der Brüder Brodbeck, der sogenannten Brauerei, und von den Wagenschuppen, Scheunen, Ställen und so weiter eingenommen, die gegenüberliegende von dem gewaltigen, finstern Brauhause, das mir damals noch nichts sagte. So diente mir der Hof hauptsächlich nur als Durchgang. Trotz seiner Häßlichkeit erhielt später in

Bern, wenn ich mich nach Liestal zurücksehnte, auch dieser Hof einen heimatlichen Gefühlston; ich konnte kein Hofbild von Ludwig Richter ansehen, ohne dadurch an den Hof der Großeltern zwischen der Brauerei und dem Brauhause erinnert zu werden. Und an die zwei Bäumchen im Hofe knüpft sich eine anmutige Erinnerung aus der Kinderzeit meiner Mutter. Wenn der Wind die Zweige schüttelte, meinte sie: «Ach, wenn doch nur die einfältigen Bäumchen nicht daständen, damit der abscheuliche Wind nicht wäre!» Sie glaubte, die Zweige verursachten den Wind, ähnlich wie ein Fächer.

Mit dem Garten wußte ich auch nicht viel anzufangen. Die Blumen durfte ich nicht abrupfen, die Beete nicht betreten; was tue ich in den langen, einförmigen Wegen, auf welchen nichts zu finden ist, nicht einmal Gras? Und wenn je zur Seltenheit sich etwas Ergötzliches im Garten ereignete, etwa ein Pferd, das durch die Beete galoppierte, so lief alles eilends herbei, um dem Vergnügen ein Ende zu bereiten.

Dagegen der Rain des Hügels benahm sich freundlicher; der lud einen zur Schneckenjagd ein. Und es gab der Schnecken eine Menge, welche einem bereitwillig ihre Kunststücke zum besten gaben, die Hörner vorstreckten, sich ins Gehäuse verkrochen, kurz alles, was sie wußten und konnten. Nur wurde man leider immer bald vom Rain zurückgerufen; entweder hieß es, das Gras wäre zu naß, oder man zertrete die schöne Matte, oder ich verstieg mich zu hoch hinauf. Auf diesem Rain war es, daß meine Mutter als Kind meinte, oben am

Hügelsaume gehe es in den Himmel («Er ist so nah, sieh, wie er aus dem Grase guckt dort oben»).

So verblieb als Hauptbühne zur Verlustigung der Kegelplatz und der freie Raum daneben. Dort stolzierte ich herum, einen zweispitzigen Obersthut auf dem Kopfe, den mir die Großmutter aus Zeitungspapier zurechtgefaltet hatte. Sie verstand das wie niemand sonst, aus Papier einen Obersthut zurechtzuklappen. Eins, zwei, drei war der Hut fertig. Leider ging er auch eins, zwei, drei in Fetzen, so daß ich dutzendmale im Tage zur Großmutter laufen mußte, um einen frischen Hut zu beziehen. Kamen Nachbarkinder zu Gast, so wurde mit kriegerischen Gesängen in Reih und Glied marschiert. Eines der Lieder schloß mit der Drohung: «Wenn nur der Wolf nicht kommt!» Beim Namen Wolf stob alles auseinander. Eigentlich tat es uns ein bißchen leid, daß er nicht kam, der Wolf. Wir hätten ihn gerne über den Hügelsaum heruntergucken sehen, die Schnauze leckend und mit dem Schwanz wedelnd, vorausgesetzt, daß er aus Kartenpapier gewesen wäre. Gab es Unfälle, ein Umpurzeln auf den Boden oder was sonst, so wurde eilends zur Küche oder Wirtschaft der Großmutter gelaufen. Etwas Weibliches war dort jederzeit zu finden, wenn nicht die Großmutter selber, die große Therese, die Kellnerin, oder die Köchin. Die bliesen einem den Schmerz mit einem Segenssprüchlein weg; wenn sie aber versicherten «jetzt, tuts dem Büblein nicht mehr weh» und es mir trotzdem noch weh tat, erboste ich.

Das Ende des Kriegsspiels war meistens eine gewisse

Enttäuschung. Ich beobachtete nämlich gar wohl, daß die Leute, die auf der Straße vorbeizogen, meinen stolzen Obersthut nicht ernst nahmen, wie keck ich auch marschierte und krähte. Man möchte aber ernst genommen werden. Um ernst genommen zu werden, ersehnt das Büblein den Bart.

In der Wirtsstube

DER GÖTTI, DER Bierbrauer, hatte im alten Hause der Brauerei ein Wirtsstübchen eingerichtet, unten an der Straße. Weil er lange Zeit ledig blieb und nachher eine kränkliche Frau heiratete, die früh an Schwindsucht starb, fiel meiner Großmutter neben der Leitung des eigenen Haushaltes auch der Haushalt des Götti und die Führung der Wirtschaft zu.

In früheren Zeiten, in der Kindheit meiner Mutter, war es in dieser Wirtsstube kriegerisch hergegangen, es war ein Revolutionsstübchen. Eines Morgens kehrten die Basler mit Trommeln und Trompeten, Flinten und Säbeln bei der Großmutter ein, während unterdessen ihr Mann und der Götti von den Flühen gegen die Basler knallten und ihre Kinder, hastig in finsterer Nacht in den Kanton Solothurn hinüber gerettet, unter freiem Himmel auf einem Bauernwägelein wohnten. Die Basler taten der Großmutter nichts zuleide, bezahlten sogar Speise und Trank, dagegen schossen sie beiläufig hinten auf dem Kegelplatz ein harmloses, blödes Männlein, den Dalang Micheli, durchs Bein, wahrscheinlich unabsichtlich. Den Dalang Micheli legte man dann in der Brauerei aufs Bett, und das Großmütterchen verband und pflegte ihn.

Allmählich versammelten sich dann mehr und mehr die revolutionären Flüchtlinge aus aller Herren Ländern in Göttis Wirtsstube. Übrigens in friedlicher Angelegenheit: als Kostgänger, weil die Großmutter vorzüglich kochte. Einzig mit dem Munde wurde zwischen Fleisch und Gemüse gegen die Fürsten, Pfaffen und Aristokraten gefochten. Von diesen Flüchtlingen wußte meine Mutter viel zu erzählen. Zum Beispiel von einem gewissen Doktor Fein, der von sich zu rühmen pflegte: «Fein bleibt fein» und den die frommen Weiber mit den Besenstielen totzuschlagen drohten, weil er nicht an Gott glaubte. Oder von einer Polin, die in Mannskleidern umherging und Pulver in ihren Branntwein schüttete, damit er weniger schal schmecke. Die hielt dann, als die Revolutionszeit der dreißiger Jahre vorbei war, friedlich eine Kinderschule. Eines Tages führte sie ihre Schülerinnen nach Freiburg im Breisgau. Dort verschwand sie mit dem Gelde und ließ die Mädchen sitzen, die man dann am andern Tag zurückholen mußte. Eines der Mädchen war meine Mutter.

Zu meiner Kinderzeit war es ein stilles, ruhiges Stübchen, das vom Wirten nicht viel anderes mehr behalten hatte als den Namen. Selten verirrte sich ein vereinzelter Gast herein, etwa ein vorüberziehender Fuhrmann, den ich dann als Eindringling herzhaft verabscheute. Tatsächlich diente jetzt die sogenannte Wirtsstube den vereinten Familien des Götti und des

Großvaters zur Wohnstube und Eßstube. Weil aber die Großmutter dort zu finden war, wurde es auch meine Wohnstube, wohin ich mich verzog, wenn der Aufenthalt im Freien nicht gedieh. Also bei Regenwetter und zur Winterszeit. Es regnet aber oft, sogar in dem sonnigen Baselland, und der Winter ist lang. Und einen gesunden Buben in einer Stube zu beruhigen, dazu braucht es Geduld. Nun, die Großmutter hatte Geduld, unendliche Geduld.

Auch der Großvater. Er war sanft und gutmütig, nur war er eben ein Mann, und eines Mannes Geduld, wenn es nicht mehr zum Aushalten ist, nimmt schließlich ein Ende. Wenn er alles versucht hatte, mich auf den Knien geschaukelt, mir die Geißel in die Hand gegeben, mir seine Lieder vorgesagt, vom Joggeli, der nicht Birnen schütteln wollte, und vom Kopf, den man an die Mauer stoßen solle, und ich trotz allem noch unausstehlich blieb, übernahm ihn der Jähzorn, der Jähzorn der sanften Leute. Dann nötigte er mich, zur Strafe einen Satz aufzusagen, den er mir vorsprach und der mein Kennzeichen enthielt: «Was bist du?» fragte er mich, und ich sollte antworten: «Ein verdrossener, störrischer, widriger, unausstehlicher Bub.» Das Sprüchlein sagte ich herzhaft mit lauter Stimme auf, ohne Zaudern noch Widerstreben, rein sachlich, aus Wahrheitsgründen, und das offene Geständnis schaffte ihm für gewöhnlich Erleichterung. Es kam aber auch vor, daß er aufsprang und mich den Schweinen zum Fressen vorzuwerfen drohte, wenn ich nicht artig würde. Und wirklich übermannte ihn eines Tages der Jähzorn dermaßen, daß er mich auf den Arm lud und mit mir zum Schweinekoben lief. Bah, dachte ich, das ist blindes Bangemachen, er wird schon beizeiten umkehren. Als er jedoch wahrhaftig das Guckloch öffnete und die scheußlichen Ungetüme mit greulichem Gebrüll gegen mich emporjuckten, da wurde mir tüchtig angst, so daß ich mörderlich zu schreien anfing. Geholfen hat diese Kur freilich nichts.

Was schließlich half, und gründlich half, waren die Märchen, die mir die Großmutter erzählte. Nachdem ich von dieser Kost geschmeckt hatte, verlangte ich nach nichts andrem. Nur immer und ewig erzählen, meinetwegen stets das nämliche, die Geschichte von den Geißlein und dem Wolf, von der Kohle und dem Strohhalm; ob ich das schon auswendig wußte, ich mochte es immer von neuem hören, und zwar von der Großmutter, von niemand anders. War der Märchenschatz der Großmutter zu Ende, und er war nicht groß, so heischte ich die Geschichte von der Krähe. Das war eine höchst einfache Geschichte: eine Krähe fiel vom Baum und brach sich das Bein; bekam ich es von jemand anders erzählt, so rümpfte ich verächtlich die Lippen, erzählte es aber die Großmutter, so wirkte es auf mich durch ihre Stimme wie ein Märchen.

So wurde mir durch die Großmutter eine ungemütliche, von Fuhrknechten heimgesuchte Wirtsstube zur Märchenstube.

An dieser Wirtsstube haften meine meisten Erinnerungen aus dem zweiten Lebensjahr, wie ich ja auch in Wirklichkeit, nachdem ich einmal gehen gelernt hatte, die meiste Zeit des Tages dort zubrachte. Ich wußte nichts anderes, als daß ich dorthin gehörte. Weil aber erst im zweiten oder dritten Lebensjahr des Menschen der Wachzustand über den Schlafzustand das Übergewicht gewinnt, empfand mein Bewußtsein die Wirtsstube als die Geburtsstätte meines Ich und das ganze frühere Wiegen- und Wohnstubenleben als unvordenkliche Vergangenheit. Wenn ich daher am Mittag zum Essen und am Abend zum Schlafen aus der Wirtsstube der Großmutter in die Wohnung meiner Eltern hinaufstieg, so überkam mich ein Gefühl, als begäbe ich mich aus der Gegenwart in längst überwundene Urzeiten zurück.

Der Götti

DER PATE (GÖTTI) und Oheim meiner Mutter, von aller Welt kurz der Götti genannt, war der Schrecken der Familie. Wenn es hieß: «Der Götti kommt», wurde jedermann vor Bangigkeit nervös. Er sah auch wirklich fürchterlich aus: eine wuchtige Gestalt, ein Gesicht wie ein Menschenfresser, eine pockennarbige Haut, blutunterlaufene rollende Augen, Arme und Fäuste, um einen Ochsen totzuschlagen. So schaute er im Frieden drein – wessen mußte man sich nicht versehen, wenn er in Zorn geriet! Ein zorniger Götti! Bei dieser bloßen Vorstellung zitterten die Herzen. Und schreckliche Dinge erzählte man sich von seiner Gewalttätigkeit. Ein in Basel wohnender Verwandter, der Schwager der Großmutter, wagte sich, weil baslerischer Gesinnung verdächtig, wegen des Götti nur heimlich in finsterer Nacht in die Brauerei; man mußte ihn verstecken wie einen Verbrecher. Einen Berliner Schwätzer, der die Trommelkunst des öffentlichen Ausrufers abfällig beurteilte, nötigte er, seine eigene Trommelkunst vorzuweisen, und als das kläglich ausfiel, schlug er ihn windelweich. Das war seine Logik.

Hinter dem schrecklichen Äußern steckte jedoch ein achtbarer und keineswegs böser Mensch. Fürs erste war er ehrlich, und das ist schon nicht wenig; ferner war er außerordentlich fleißig und tüchtig in seinem Geschäft, der Bierbrauerei, so daß er das gemeinsame Heimwesen gedeihlich emporbrachte. Mit seiner Gewalttätigkeit stand es auch nicht so schlimm, wie die Sage lautete. Es blieb meistens bei der Drohung. Während in der Schule und auch mancherorts in den Familien kräftig geprügelt wurde, waren pädagogische Schläge in Göttis Familie unbekannt. Er war gütig gegen seine kranke Frau und gnädig gegen seine Kinder, und, was ihm besonders zur Ehre gereicht, er war unparteiisch gerecht, in solchem Maße gerecht, daß er seinen Neffen um des Fleißes willen vor seinem eigenen, etwas arbeitsscheuen Ältesten bevorzugte. Und merkwürdig, der schreckliche Mensch mit der Ungeheuerstimme war ein guter Sänger und fand beim Singen angenehme Töne.

Er litt selber darunter, daß ihn die Natur mit so fürchterlichen Eigenschaften bedacht hatte. «Ich meins ja nicht böse», pflegte er zu brüllen. Er meinte es wirklich nicht böse. Übrigens kam ihm seine Stärke in seinem Brauerberufe und auch in seinem Wirtsgeschäfte zustatten, wenn es zur Seltenheit eine Rauferei gab. Immerhin, so stark wie mein Vater war der Götti doch nicht. Wurde der Götti im Streit nicht mehr Meister, so holte man meinen Vater aus der Kanzlei, sperrte die Fenster auf und warf Matratzen auf die Straße. In Kürze flog einer nach dem andern aus den Fenstern. So wurde erzählt. Doch das waren andere Zeiten. Mitangesehen habe ichs nicht, überhaupt niemals einen Streit in der Wirtsstube erlebt.

Uns Kindern hat der Götti niemals das mindeste zuleid getan, nicht einmal ein böses Wort gegeben. Wir bewegten uns daher um den Götti ohne jede Befangenheit, wie die Maus im Löwenkäfig. Nur mußte man schleunig den Platz räumen, wenn der Götti mit seinen Brauknechten zum Mittagessen einbrach. Falls man sich da nicht rechtzeitig rettete, so geriet man im Hausgang zwischen ein Dutzend wildstampfender gestiefelter Beine, daß man besorgte, aus Versehen zertreten zu werden wie ein Frosch auf dem Exerzierfeld. Nachher, wenn die wilden Knechte mit dem Essen fertig waren, und das geschah sputig, wurde es in der Wirtsstube wieder geheuer.

Zuwachs und Nachkommenschaft

SOWOHL DER GROSSVATER wie der Götti hatten mehrere Kinder. Des Großvaters Ältesten, den ‹Onkel Henri›, bekam ich erst in späteren Jahren zu Gesicht; damals wohnte er als angehender Kaufmann in Bordeaux, was er hauptsächlich meinem Vater verdankte, der in der Brauerei den guten Geist spielte, indem er nach Kräften verhinderte, daß sämtliche Kinder verbauerten. Ich wußte von Onkel Henri nur das, daß jedesmal, wenn ich eine schöne Zeichnung bewunderte, es hieß: «Das hat der Onkel Henri gezeichnet.» Der zweite Sohn, namens Karl, war zu Hause, ging aber noch zur Schule. Weil er noch so jung war, wurde er zum Unterschied von Onkel Henri der kleine Onkel, der Ünggeli, genannt. Vom Götti waren ebenfalls zwei Söhne im Hause, die auch noch in die Schule gingen, Adolf und Karl. Es lebten also zwei Karl Brodbeck und mit mir drei Karl, mit meinem Vater sogar vier Karl in der Brauerei.

Die drei Schulbuben nun, der Ünggeli, der Adolf und der Karl, begannen, nachdem einmal die Wirtsstube mein täglicher Aufenthalt geworden war, sich angenehm bemerkbar zu machen. Sie halfen, wenn sie von der Schule heimkamen, mich unterhalten, luden mich auf ihre Achseln, was weder die Großmutter, noch die lange Therese konnte, gaben mir eine Art Zeichenunterricht, indem sie mir die Hand führten. Ein Strich mit etwas Wolle darüber ergab einen Baum; ein Punkt mit einem Schnabel davor und Wolle dahinter ein Huhn oder eine Krähe, nach Belieben. Ich hatte sie alle drei gleich lieb, und sie waren mir sämtlich gleich zugetan.

Und eines Tages lernte ich sie begeistert bewundern. Die Großmutter war wieder einmal mit mir zum Steinenbrücklein gegangen. Während wir von dort nach dem unheimlichen Bache in den gefährlichen Abgrund hinunterblickten, erschienen wahrhaftig unten, mitten im Wasser, drei tapfere Burschen, die furchtlos im Bache umhersprangen und mit Stangen in den Uferbäumen herumschlugen (wahrscheinlich gab es dort Haselnüsse). Und wie sie näher kamen, waren es der Ünggeli und der Adolf und der Karl. Jene Stunde lernte ich die Bewunderung kennen. Helden! Von da an war ich stolz auf die drei, mein Herz jauchzte ihnen zu. In der Folge, in meiner Berner Zeit, wenn ich nach Liestal in die Ferien durfte, wurden die drei sogar die Hauptpersonen.

Übrigens war noch ein zweiter Adolf da. Ein kleines Geschöpf, von dem man behauptete, er wäre mein Bruder, von dem ich aber nicht begriff, wozu er nützlich sei; noch weniger, weswegen man solch ein Wesen aus ihm mache wie von mir selber. Ich genügte für mein Bedürfnis, was brauchte ich einen Bruder? Und nicht bloß unnütz war er, sondern mitunter sogar hinderlich. Wenn ich die Großmutter belästigte, wollte er sie ebenfalls belästigen; wenn ich im Kinderwagen gefahren wurde, saß er gegenüber und nahm mir die Hälfte Platz weg, so daß wir uns mit den Füßen bekriegten. Hingegen als er dann auf die Beine stand, so daß er zum Spielkameraden taugte, ließ ich ihn mir gefallen, also zum Beispiel bei der Schneckenjagd. Und eine geradezu erbauliche Szene brüderlicher Eintracht führten wir einmal im Hofe auf. Die Großmutter hatte eine mit Wasser gefüllte Badewanne im Hof aufgestellt, damit der Sonnenschein das Wasser wärme. In diese Badewanne wurden wir beide gleichzeitig hineingesetzt. Nichtsdestoweniger erfolgte jetzt – unglaublich! – kein Zank und kein Platzneid, im Gegenteil, wir jauchzten, patschten und spritzten um die Wette, friedlich, mit vereinten Kräften. Zur eigentlichen, bewußten Bruderliebe jedoch kam es erst in den Schuljahren.

Auf dem Felde

EIN REINES, RUHIGES, seliges Stücklein Leben ließ mich eines Morgens die Güte des Großvaters genießen. Ich danke ihms heute noch. Er nahm mich auf ein Mättelein jenseits der Gestadeckbrücke mit. Dort arbeitete er irgend etwas, einen Korb mit Eßwaren neben sich; mich ließ er derweilen im Grase herumstoffeln, wohin ich mochte und konnte. Keine Gefahr, daß ich ihm entlaufe, denn mit meinem Alleingehen sah es noch schwach aus. Das saftige Mättelein behagte mir, es war wie eine Insel abgeschlossen, hinten durch einen Weg, vorn durch ein winziges schmales Bächlein, und hinter dem Bächlein schaute das Städtlein Liestal zu uns herunter. Während ich so zufrieden am Rande des Bächleins nach Neuigkeiten schnupperte, ereignete sich ein wundersames Abenteuer. Ein richtiger, echter, lebendiger Storch gesellte sich zu uns, in meiner nächsten Nähe spazierte er im Grase umher, als ob er zu uns gehörte; ich konnte ihn fast mit den Händen greifen. Es war unaussprechlich schön. Und eine lange, lange Zeit dauerte die Wonne, immer von neuem blieb er wieder da. Schade, schließlich flog er doch davon, aufs Kirchdach. Und wir reisten nach Hause, in den gemeinen Alltag. Aber unsäglich schön war es gewesen.

Ein anderes Zufriedenheitsglück verschafften mir meine drei heldenhaften Freunde, die Buben aus der Brauerei. Auf einem Acker des Großvaters, das Gitterli genannt, wurde ich unter einen hohen, schlanken Baum gesetzt, der mir außerordentlich wohl gefiel. Man erblickte nämlich durch den Baum den glänzenden Himmel, und an den Zweigen hingen unzählige Büschel von lieblichen kugelrunden roten Beeren. Siehe, da erschienen der Ünggeli und die beiden Buben des Götti, stellten eine Leiter an den Baum und kletterten in schwindelhaften Höhen mutig darin herum. Erstaunlich und unterhaltlich anzusehen. Das Beste aber kam erst noch. Sie brachten mir von den Beeren herunter, hängten mir sie um die Ohren und ermunterten mich, sie zu essen. Und wahrhaftig, sie schmeckten; schmeckten ausgezeichnet, besser als Zucker. Ein Baum, der einem Süßigkeiten spendet wie eine Urgroßmutter; wenn das nicht ein Wunder ist!

Von jener Stunde her hat mein Herz dem Kirschbaum eine besondere Zärtlichkeit aufbewahrt.

Überhaupt schafft es ja ein ganz anderes Gemütsverhältnis zur ‹Natur›, das will sagen zu den irdischen Dingen unter freiem Himmel, wenn man sie im frühesten Kindesalter erlebt, als wenn man sie erst nachträglich durch Spaziergänge und Ausflüge kennenlernt. Vollends wenn ihre erste Bekanntschaft auf dem Grund und Boden des Familieneigentums geschlossen wird, entsteht etwas wie Seelenverwandtschaft mit den Dingen. Die trauten Gestalten der Angehörigen färben auf das Gefilde ab. Aus diesem Grunde, ich meine, weil ich als Kind die ‹Natur›, also die Landschaften der Erdoberfläche, nie anders als in Gesellschaft der Meinigen gesehen habe, wird mir das, was andere ihr Naturgefühl nennen, zum Heimatgefühl. Der Kirschbaum der Aphrodite, der Nußbaum der Pandora, das Gras des Baldur, das Korn der Mittagsfrau sind auf den Feldern meines Großvaters gewachsen. Das Versetzen haben sie gut vertragen, sogar bis auf den Olymp.

Die Betzeitglocke

ALS MEIN BRÜDERCHEN so weit war, daß er nachts keiner Pflege mehr bedurfte, wurde uns Kindern ein besonderes Schlafstübchen angewiesen, hinten hinaus gegen das Läublein, den Hof und das Brauhaus. Ich erinnere mich noch genau, wie ich am ersten Abend nach dem Umzug verwundert durchs Fenster das düstere Brauhaus musterte und in Gedanken zu mir sagte: «So! angesichts dieses finsteren Ungeheuers wird also fortan dein Leben dahinlaufen. Merkwürdig, sonderbar. Eigentlich nicht schön, das Brauhaus, und außer ihm sieht man ja nichts.»

In diesem neuen Schlafstüblein nun gab es jeden Abend beim Auskleiden ein ausgelassenes Freuden- und Freundschaftslustspiel mit Jauchzen, Lachen und Strampeln. Nämlich zum Auskleide- und Waschgeschäft vereinigten sich um uns die drei Liebsten aller Lieben: die Großmutter, Mama und Agathe. Agathe hieß unser Dienst- und Kindermädchen. Die stammte aus dem badischen Schwarzwald, war ein hübsches, stattliches Geschöpf und uns Kindern treu zugetan. Nach der zärtlichen, ich möchte fast sagen, jubelnden Anhänglichkeit zu schließen, die sie uns einflößte, muß sie ein ganz außerordentlich treffliches Kindermädchen gewesen sein. Agathe war uns unentbehrlich, bedeutete uns für sich allein eine ganze Heimat. Galt es in der Folge einen Wohnungswechsel oder eine Auswanderung, so genügte der eine Satz: «Agathe kommt mit», um uns mit der Veränderung zufriedenzustellen.

Der Freudensturm beim Auskleiden und Waschen mag wohl zum Teil körperliche Ursachen gehabt haben: überschüssiges Gesundheitsgefühl, gereizt durch die Nacktheit und das Wasserplatschen; Hauptsache war indessen das dreifache Freundschaftsglück, die Liebesversammlung.

Unterdessen lag schon der Schlaf in den Betten, uns erwartend. Und kaum waren wir zur Ruhe gelegt, so senkten sich die Lider. Aber nachdem Agathe sich entfernt, die Mutter uns sorgsam zugebettet und mit Gruß und Kuß gesegnet hatte, unersättlich, zu immer neuen Malen, geschah zuweilen noch ein Nachspiel, indem die Großmutter ins Stübchen zurückgeschlichen kam und den bereits halb Schlafenden ein frommes Sprüchlein vormurmelte, das wir ihr nachsprechen sollten. Es kam vor, daß im nämlichen Augenblick die ferne Betzeitglocke leise ertönte. Ihr Ton ist nie in meinem Herzen verklungen, weil er zum Abendsprüchlein der Großmutter das Schlummerlied sang.

Der Vater tritt auf

IN DER KINDERSTUBE wußte weder der Vater mit uns, noch wir mit ihm viel anzufangen. Anders, als wir sprechen und gehen konnten und männliche, kriegerische Anwandlungen bekundeten. Da hatte er Freude an seinen ‹gesunden, urwüchsigen Buben› und wir an ihm. Erstens trug er, wie sichs gehört, einen Schnurrbart. Ein Mensch muß einen Schnurrbart haben; fertig. Sodann begeisterte uns seine Stärke, die allerdings außerordentlich, sogar berühmt war. Dann hatte er in seiner Kanzlei Säbel, Flinten, Sporen, das ging noch über die Geißeln des Großvaters. Endlich offenbarte er soldatische Liebhabereien und Kenntnisse, und das war der Gipfel.

War anständiges Wetter, so führte er uns in den Hof und ermunterte uns zum Taktschritt, wozu er kommandierte und durch die Fäuste einen Trompetermarsch blies, alles eingeleitet, abgeschlossen und unterbrochen mit vergnügtem, lautschallendem Lachen. Dem sah einmal der Oberst Sulzberger, ein Freund meines Vaters, zu, hatte sein Ergötzen daran, schenkte mir seine besondere Gunst, setzte mich auf seine Knie und gewährte mir jede Art Spaß und Neckerei, die mir einfiel. Daraus entspann sich ein gegenseitiges Freundschaftsverhältnis, er erkor mich zu seinem Liebling und ich ihn zu meinem Vorbild. Wenn mich jemand fragte: «Was willst du einmal werden, wenn du groß bist?», so antwortete ich bestimmt, mit fester Stimme: «Ein Oberst Sulzberger.» Durch die Gunst des Oberst Sulzberger fühlte ich mich dem eiteln Soldatenspielen enthoben und unter die ernsthaften Soldaten eingereiht. Denn der Oberst Sulzberger war ein echter Oberst, dem die wirklichen, erwachsenen Soldaten gehorchten, und nicht bloß das, er war der Höchstkommandierende des ganzen Kantons.

Überdies vergönnte uns Papa ein über alle Begriffe herrliches Kunststück, das er eigens für uns ersonnen hatte. Er stellte sich auf das Läubchen, das hinter unserer Wohnung im ersten Stock über den Hof ragte, schickte uns in den Hof hinab und ließ sich vom Ünggeli Bohnenstangen hinaufreichen, während wir schon vor Freuden zappelten. Unter den Bohnenstangen wählte er die längste und stärkste aus, indem er sie der Reihe nach mit den Händen auf ihre Festigkeit prüfte. Die ausgewählte Stange reichte er mir in den Hof hinunter, während er das obere Ende behielt. «Jetzt faß an! fest! aber fest!» Nachdem ich mich mit Armen und Beinen an der Stange festgeklammert hatte, zog er mich durch die Luft zu sich hinauf, indem er stetig mit den Händen tiefer griff; oben angelangt, pflückte er mich auf das Läubchen. Nachher tat er das nämliche mit dem kleinen Adolf, trotz dem ängstlichen Abmahnen der umstehenden Zuschauer. Diese Luftfahrt verschaffte uns solch ein Vergnügen, daß er sie noch oft wiederholen mußte.

So trat der Vater auf. Leider war es nur ein kurzes

Gastspiel. Denn diesen nämlichen Sommer verreiste er im Auftrag der Regierung nach Bern. Und blieb so lange in Bern, daß wir ihn fast ganz wieder vergaßen.

IN WALDENBURG

Salomelis erstaunliches Kunstwerk

In Waldenburg lebte eine Schwester meiner Großmutter, die verwitwete Tante Tschopp, mit zwei Töchtern, der damals etwa zwanzigjährigen Salome, allgemein ‹das Salomeli› geheißen, und Marie, die noch in die Schule ging. Als Verwandte kam das Salomeli manchmal zu Besuch nach Liestal, half gern meiner Mutter in der Kinderpflege nach, und da wir uns so gut verstanden, nahm sie mich einmal mit heim nach Waldenburg, zu ihrem und meinem Vergnügen.

Auf der Fahrt nach Waldenburg machte mir, ähnlich wie einst während der Baslerfahrt, ein Landschaftsbild den nachhaltigsten Eindruck; und wieder war es wie damals ein Flußufer. Hinter dem sogenannten Bubendorfer Bad zweigt ein Seitenweg über eine Brücke nach dem Dorfe Bubendorf ab. Beim Vorüberfahren ist weder der Bach unter der Brücke, noch der Talboden und Bubendorf selber zu sehen, die Besonderheit des Lichtes jedoch flüstert von geheimnisvollen Gegenden im unsichtbaren Hintergrund. Beim Anblick dieses Brückenbildes verspürte ich so neue und befremdende, so weit vom Verstande entfernte Gefühle, daß ich mich ihrer schämte. Ich meinte nämlich, Regungen, die sich so tief innen im Dunkel versteckt hielten, müßten etwas Unerlaubtes oder Lächerliches sein. Weil man mich gelehrt hatte, einiges an mir als schändlich zu verbergen, schloß ich, was sich in mir verberge, wäre schändlich. Kurz, ich erlitt bei diesem Anlaß zum ersten Male die seelische Schamhaftigkeit.

In Waldenburg angekommen, hielten wir mitten im Städtchen und stiegen aus; denn dort war das Häuschen der Tante (eigentlich Großtante) Tschopp. Zur Haustür ging es auf ein paar Stufen. Stufen mochte ich gerne, seit ich imstande war, sie ohne Schwanken zu ersteigen; sie gaben mir das Bewußtsein der Kraft. Im Hausgang öffnete das Salomeli eine Tür, ein Tuchlädelein kam zum Vorschein, darin stand, mit einer Kundin redend, die Tante Tschopp, anzusehen wie ein zweites Großmütterchen. Die Ähnlichkeit gewann ihr sogleich mein Herz. Zum Willkomm langte sie mir aus einer Schublade Rosinchen hervor. Das fängt gut an. Beiläufig: wem ist nicht auch schon aufgefallen, daß alle guten Menschen ein Tuchlädelein haben mit Rosinchen in einer Schublade? Mich wenigstens brachten die Jungfer Beggli in Basel, die Tante Tschopp in Waldenburg, die Urgroßmutter in Langenbruck zu dieser Überzeugung. Das Lädelein der Tante Tschopp war aber das schönste von allen. Erstens hingen Geißeln darin, und dann gab es dort ein lustiges unsichtbares Glöcklein, das von Zeit zu Zeit plötzlich klingelte, ohne daß man wußte, wo und wieso. Schon bei unserm Eintritt hatte ich gemeint, so etwas zu hören; jetzt, als die Kundin den Laden verließ, klingelte es deutlich zum zweiten Male. Halb aus eigener Klugheit, halb aus dem schlauen Lächeln des Salomeli bekam ich heraus, daß das fröhliche Glöcklein irgend etwas mit der Tür mußte zu tun haben. Richtig, dort oben hinter der Tür höckelte es im Versteck, und jedesmal, wenn man die Tür auf- und zumachte, begann es zu klingeln. Die gewonnene Einsicht setzte ich sogleich ins Werk, indem ich ewig zur Tür aus- und einging, um das Glöcklein spielen zu hören.

«Komm jetzt; du kannst nachher noch oft mit dem Glöcklein spielen», mahnte das Salomeli, worauf sie mich eine Treppe hinauf in die Wohnstube führte. Während sie auf einen Augenblick nebenan im Schlafzimmer verschwand, um ihre Überkleider abzulegen, was entdeckte ich unterdessen in der Wohnstube? Auf der Kommode, unter einer Glasglocke, ein Wunderwerk, daß mir vor Entzücken der Atem ausgegangen wäre, wenn ich nicht unaufhörlich Ah und Oh geseufzt hätte: ein blauer See, mit einem schwimmenden Schwan darauf, hinter dem See eine jähe Felswand, mit Moos und Gebüsch und Bäumen darüber. In den Bäumen stand eine Kapelle; aus der Kapelle kam ein Kapuziner eine steile Treppe nach dem See heruntergestiegen. Von diesem Schaustück war ich gar nicht wegzubringen. Und als ich vollends vernahm, das Salomeli selber hätte das Wunderwerk mit eigenen Händen zusammengekünstelt, überschlug sich mein andächtiges Staunen in heiligen bewundernden Unglauben.

«Jetzt kommt dann bald das Marieli aus der Schule heim», hieß es. Das Marieli kam und mit ihr eine neue Überraschung, eine in ihrem Gesicht. «Du hast glänzige Äuglein und goldige Sternlein», lautete meine frohe Begrüßung. Dieses Sprüchlein blieb zeitlebens am Marieli hangen, sogar als sie schon Großmutter geworden war und ihre armen verkümmerten Augen längst nicht mehr glänzten. Auch den Namen ‹Schwesterlein›, den ich ihr damals erteilte, mochte sie im Alter gerne wiederholen, und so oft ich ihn aussprach, glänzten wahrhaftig trotz allem die goldenen Sternlein aufs neue.

Das war die Einleitung. Die Folge glich der Einleitung. Ich bin nachmals noch oft in meinem Leben glücklich gewesen, anhaltend glücklich sogar; ob ich jedoch jemals wieder so durch und durch bis in die kleine Zehe wunschlos selig gewesen bin wie damals in Waldenburg, frage ich mich. Ich frage michs, die Antwort aber darauf zu geben hüte ich mich, um nicht ein ernsteres, dunkleres Glück auf höherer Stufe zu beleidigen. Also ohne Vergleich sei gemeldet, daß mir der Waldenburger Aufenthalt wie ein Schmuckkästlein vorkommt, das man ohne Einbuße aus meinem übrigen Kindesleben herausnehmen und beiseite stellen kann; es strahlt für sich und hat keine Zusammenhänge über seinen eigenen Rahmen hinaus. Wie innig die Seligkeit war, läßt sich daraus erraten, daß noch ein halbes Jahrhundert später mein Dankgefühl eines meiner Bücher (den «Gustav») in Waldenburg spielen ließ. So nachhaltig leuchtete in meinem Herzen das Glück, das ich als kaum zweiundeinhalbjähriges Büblein dort genossen.

Der Wasserfall

GLEICH AM FOLGENDEN Morgen, wenn mich mein Gedächtnis nicht täuscht, jedenfalls am Morgen eines der ersten Tage führte mich das Salomeli in ein geheimnisvolles, dämmerdüsteres, doch keineswegs finsteres Waldverließ hinter dem Städtchen. Nicht Schlucht, denn der Raum weitete sich frei behaglich wie ein Saal, nicht Grotte, denn da gab es weder Höhlen noch Felszacken, halt etwas Besonderes für sich, das sich mir unter keinen gewöhnlichen Namen fügen will. Die Waldenburger nennen es ‹das Münsterli› (nicht ‹Fensterli›, wie ich im «Gustav» irrtümlich schrieb). Das Münsterli, mein Münsterli, sieht folgendermaßen aus:

Links und rechts steile Waldhänge; hinten eine gewaltige, jähe, glatte Steinwand, wie eine Mauer emporsteigend; von der Steinwand herunter plätschert ein bescheidener, frommer Wasserfall schnurgerade in ein seichtes natürliches Wasserbecken, und hoch oben über dem Wasserfall wächst ein von jenseits, aus unsichtbaren Lichtquellen durchleuchteter Wald. Das flache Erdgeschoß diesseits des Wasserfalles, also der Saal vor dem Wasserbecken, eben wie ein Zimmerboden, war damals mit sonderbaren, handtellerförmigen Blattpflanzen wie mit einem Teppich bekleidet, mit hohen Bäumen spärlich bestanden, deren Kronen, obschon nicht üppig, genügten, um ein gemeinsames Dach zu bilden, von Abflußbächlein und Weglein durchkreuzt. Wahrscheinlich hatte der reiche Leuenwirt Jöri, dessen Ziergärtlein oben an das Münsterli grenzte, hier unten ein bißchen Ordnung geschafft. Gegenwärtig ist das Münsterli verwildert, weglos, von nassem sumpfigen Gras überwuchert; wenigstens habe ich es vor drei Jahren so gefunden.

In diesem Münsterli nun durfte ich mit dem Salomeli eine unabsehbare, ewige Seligkeit lang verweilen, Stunde um Stunde, in unbeschränkter Freiheit, durfte Entdeckungsreisen anstellen, wohin ich wollte, sei es an den Rand des Beckens unter dem Wasserfall, sei es über den Blätterteppich, mitten zwischen die Pflanzen hinein, sei es am Ufer eines der Abzugbächlein, durfte Steinchen aufheben, Blätter abrupfen – ein unerschöpflicher Reichtum der Güte. Und wohlbemerkt: das Salomeli folgte mir nicht etwa auf Schritt und Tritt ängstlich nach, sondern saß abseits auf einem Wachtposten am Rande eines Abhangs und schaffte an einer Arbeit, als ob sie mich nicht sähe. Und dazu sang der Wasserfall sein ruhiges, leises Lied; außer ihm war nichts zu hören. Hier wurde mir wunschlos wohl, hier hätte ich ewig bleiben mögen; diese Stelle erwählte mein Herz zu seiner landschaftlichen Heimat. Kein anderer Fleck Erde hat mir jemals wieder eine solche innige Zustimmung abgewonnen wie das Münsterli unter der Obhut des Salomeli.

Endlich – «wir müssen jetzt alsgemach heim zum Mittagessen» – mußte vom Münsterli geschieden werden. Heimzu machte aber das Salomeli mit mir einen kleinen Umweg, an steilem, gefährlich aussehendem Abhang gegen Jöris Gärtlein hinauf, auf einem jetzt nicht mehr bestehenden Pfade, dann an dem Pförtlein des Gärtleins vorbei in eine dichte, aber durchleuchtete Buschwildnis, wo einem die Zweige fast den Durchgang sperrten, während von oben der blaue Himmel hereinsah. Wie mich dieser Lichtwechsel und die Szenenverwandlung beglückte, verrät meine Schilderung des ‹Fensterli› im «Gustav». Und unerwartet gab es noch eine zweite Verwandlung: plötzlich, wie mit einem Zauberschlag, kamen wir aus dem Gebüsch in den strahlenden Tag, in eine weite, ungeahnte Welt, auf eine grüne Wiese hoch oben über einem Tal. Das, was ich bei dieser doppelten Verwandlung empfand, zuerst aus dem Düster des Münsterli in das durchleuchtete Waldgebüsch und dann aus dem Zwielicht des Gebüsches in den freien sonnigen Gau, möchte ich Theaterglück nennen; aber ein edleres Theaterglück, eines, das nicht täuscht und nicht entschwindet, sondern unverlöschlich nachleuchtet, weil es vom wahrhaftigen Tagessonnenschein entzündet wurde. Da, wo der Wiesenpfad zur schlangenförmigen Landstraße (Langenbrucker Straße) hinabsteigt, im Winkel diese treffend, wollte ich am Straßenbord verweilen, denn diese Stelle gefiel mir ganz außerordentlich. Daß ich von dieser hohen köstlichen Straßenschleife in die Tiefe hinunter mußte, konnte ich fast nicht verwinden. Losreißen mußte ich mich. Aber nun höre und staune, hernach lobpreise Waldenburg. Stundenweit glaubte ich von dem unsichtbaren Waldenburg entfernt zu sein. Eine Kleinigkeit, so waren wir zu Hause, mitten im Städtlein. Wer außer Waldenburg beschert einem solch eine vergnügliche Überraschung?

Das glückspendende Höflein

MITTEN IM HAUSE oder, genauer gesagt, hinten zwischen dem Wohnhause und den Holzschopfen und den verwaisten Hühnerställen befand sich ein weltabgeschlossenes, einsames, stilles Höflein, und innerhalb des Höfleins ein zweites, kleineres, noch einsameres und stilleres. Da war nichts von der Außenwelt zu hören, auch nichts anderes zu sehen als zerfallene Bretterwände, Treppchen, Türen, Läubchen und dergleichen, und oben darüber ein Ausschnitt Himmel. Ein Geruch von moderndem Holz grüßte einen beim Eintritt.

Dieses zweite Höflein in vermindertem Format, das Urbild der vielen Höflein, die ich in meinen Schriften, namentlich im «Gustav», geschildert, wurde nun täglich und stündlich mein Lieblingsaufenthalt. Ihm vor allem verdanke ich meine unvergeßliche Waldenburger Seligkeit. Ein kleines, stumpfes Beil und eine Anzahl Nägel wurden mir überreicht, dann ließ man mich allein, und ich durfte mit dem Beil an den Holzstufen eines Treppchens beliebig zimmern, die Nägel einschlagen, wohin ich wollte; alles rundherum war dermaßen schadhaft, daß ich nichts beschädigen konnte. Warum verschaffte mir nun das Nägeleinschlagen solch eine innige Befriedigung, daß ich dieses Geschäft unersättlich Tag für Tag von neuem betreiben mochte, während ich der Spiele immer bald überdrüssig wurde, so daß ich nach Abwechslung, nach Gesellschaft, nach Anleitung verlangte? Weil ich mit Anstrengung zielmäßig arbeitete, und weil ich etwas Sichtbares und Haltbares leistete. Ich konnte am folgenden Tage darauf zurückblicken, was ich am Tage vorher gezimmert, und durfte das Werk fortsetzen. Ich kostete jetzt zum ersten Mal statt des bisherigen luftigen, trügerischen Spielglückes ein echteres, ernsthafteres: das Handwerkerglück. Weil ich aber nicht unter fremder Anleitung, sondern frei nach eigener Erfindung die Nägel einschlug, war es zugleich Schöpferglück. Darum vermochte mich die mühsame Arbeit so nachhaltig zu befriedigen. Vom berühmten Spielglück des Kindes, beiläufig bemerkt, halte ich nach meiner Erfahrung nicht viel. Die gähnende Kluft zwischen der Wirklichkeit und den Phantasieträumen beim Spielen kommt nämlich dem Kinde gar wohl zu Bewußtsein. Ich hatte es bald gelernt, daß die Bleisoldaten und irdenen Schäflein und Rößlein, die ich aufstellte, wieder in die Schachtel zurück müssen und daß sie einen trotz dem schönen Traumleben, das man ihnen leiht, stumm und dumm anglotzen. Das Spiel hat einen glücklichen Auftakt, aber die Fortsetzung langweilt, weil sie der Erwartung keine Antwort bringt; darum bedarf es des ewigen Wechsels, um immer von neuem den Auftakt zu gewinnen. Das Spiel beruht auf Täuschung, darum endet es mit Enttäuschung. Dagegen das Nägeleinschlagen, ha, das ist etwas anderes; das dauert, das überlebt, das hinterläßt bleibende Werke.

Wenn sich die Zahl der Worte nach der Bedeutung des Gegenstandes zu richten hätte, so müßte ich dem glückspendenden Höflein viele Seiten widmen. Da das aber nicht der Fall ist, und da sich Glück überhaupt nicht erzählen läßt, weil es zum Wesen des Glückes gehört, daß nichts geschieht, nehme ich hiermit von meinem lieben Waldenburger Höflein Abschied.

Gesegneter Abendfriede

UM DIE DÄMMERSTUNDE begann Tante Tschopp zu spinnen, unten im Stübchen gegenüber dem Lädelein. Sie spannen alle, die von Langenbruck stammten, auch die Großmutter und die Urgroßmutter. Eine von ihnen, ich weiß nicht mehr welche, stand sogar im Rufe einer vorzüglichen Spinnerin. Eigene Beobachtung dagegen brachte mich zu der Überzeugung: Spinnen heißt, wenn immer der Faden abreißt oder am Rädchen etwas fehlt.

War es völlig dunkel geworden, so begab man sich in die Schlafstube hinauf und zündete die Kerze an. Dort lehrte mich das ‹Schwesterlein› die Kunst, zusammengeknickte Spielkarten als Kapuziner hintereinander aufzustellen und anzublasen, so daß die ganze Reihe auf einmal umpurzelte. Das Salomeli aber künstelte mit der Schere aus Papier die wunderbarsten Figuren, Blumenkörbe, Vögel, Menschen. Das hatte ich freilich von der Großmutter schon hundertmal gesehen, allein das Salomeli verstand es noch besser. Hernach wurde mir ein großes Bilderbuch vorgelegt. Darin war unter anderm eine Riesenschlange zu sehen, die von einem Baum herunterhing und der ein nackter Wilder mit dem Messer den Bauch aufschlitzte. Noch weckten die Bilder nicht meine Phantasie zu selbständiger Spielgeschäftigkeit; die abenteuerlichen Bilder genügten mir für sich; bloß Inhalterklärungen dazu heischte ich. Höchstens daß unbestimmte wolkige Gemütswallungen oder Gedankenanwandlungen über die Bilder hinweg in die von der Kerze unzulänglich erleuchtete Nacht sich verloren, erzeugt von der Ahnung, daß irgendwo in der Ferne außerhalb der Waldenburger Wahrheit noch eine andere Welt wahr sein könnte.

Und niemals die mindeste Zurechtweisung oder ein ermahnendes, erzieherisches Wörtlein, geschweige denn ein Schmähen. Wie von Engelein fühlte ich mich von dem Salomeli und dem Schwesterlein behütet.

Horch, das Betzeitglöcklein! Das tönte hier anders als das großmütterliche Betzeitglöcklein in Liestal. Aber wie, das habe ich leider vergessen. «Möchte wissen, wie es tönte.»

Warum ich das alles so im einzelnen aufzähle? Das sind doch, wird man vielleicht unwillig ausrufen, lauter Kleinigkeiten und Alltäglichkeiten. Ich bin anderer Meinung: Glückseligkeit ist weder eine Kleinigkeit noch etwas Alltägliches.

Ein ergötzliches Städtchen

SCHON AM ERSTEN Tage geleitete mich das Salomeli abends, als es dunkel wurde, durch das Höfchen zwischen verlassenen Hühnerställen und Schweinekoben, wo es scharf roch, durch eine finstere Tür. Draußen war man plötzlich in einer Nebengasse voller Misthaufen, Hühner und alter Weiblein, die einen wie Bekannte grüßten. Durch die Nebengasse etwas bergauf ziehend, gelangten wir vor ein Tor, das sich von den anderen Toren, die ich bisher gesehen hatte, dem Liestaler Obern Tor und dem Sankt Albantor in Basel, vorteilhaft unterschied. Der Turm sperrte nicht den Weg, sondern stand seitwärts von der Straße, den Vorüberziehenden zuschauend, müßig, die Hände in den Hosentaschen. Diesem vergnüglichen Tor sagte ich sofort Freundschaft an. Herwärts des Tores bogen wir links um die Ecke, stiegen tapfer ohne Unfall ein paar Steinstufen hinab – ah! Stufen! meine Lieblinge! – wendeten noch einmal links, und unversehens hielten wir mitten im Städtchen vor der Haustür. Die ganze Runde war nur wie um ein Haus herum. Schon durch diesen ersten Gang hatte mich Waldenburg gewonnen. Ein freundlicher Traum wiederholte mir in der Nacht das ergötzliche Städtchen, wo das Tor auf einer erhöhten Warte nebenab von der Straße steht, wo man aus der Hintergasse zur Hauptgasse eine Treppe hinuntersteigt, wo man, hinten hinaus fortwandernd, im Augenblick wieder vorn vor der Haustüre steht.

Überhaupt hatte das Städtchen just das richtige Maß, als wäre es für meinen Körper eigens zugemessen worden. Das obere und das untere Ende berührten sich fast mit den Ellenbogen; kaum daß man an einem Ort hineinging, war man gegenüber schon wieder draußen. Welch eine Erquickung nach dem unabsehbar großen Liestal! Von den endlosen Steinhaufen Basels gar nicht zu reden. Und wie alle Leute einen kennen und einem freundlich zunicken!

Die Hauptherrlichkeit Waldenburgs lernte ich dann an einem der folgenden Tage kennen: Mitten im Städtchen, nur um eine Ecke herum, unten in der Nähe der Kirche, kam man an einen Bach, und in dem Bache schwammen, ruderten, watschelten Enten. Enten, muß man wissen, sind wundervolle Vögel mit prachtvollen, metallschillernden, in allen Farben glänzenden Hälsen. Für sich allein eine ganze Farbenwelt. Und, erstaunlich, unglaublich, in jedem Augenblick andere Farben. Die Enten Waldenburgs, überhaupt das Städtchen habe ich in einer meiner Schriften so genau und überzeugt geschildert, daß ich es hier nicht wiederholen will; alles, was ich heute darüber berichtete, wäre bloß ein schwächlicher, minderwertiger Auszug. Man kann gewisse Dinge nur ein einziges Mal erschöpfend sagen.

Wenn man von den Enten unten bei der Kirche bachaufwärts wanderte, so gelangte man längs dem von einem steilen Waldberg überschatteten Wasser an einem wirren Haufen von Hinterhäusern, Höfchen, Gärtchen und Hühnerställen vorüber. Dem Erwachsenen wird dort nicht geheuer, ihm bangt für seine Schuhe und seine Nase. Einem Kinde dagegen wird an einer solchen Stelle entdeckungswohl, wie einem wohlerzogenen Schoßhund vor einem Kehrichtkübel. Ist es nicht sauber, so ist es dafür vielerlei.

Auch außerhalb des Städtchens gab es Schönes. Unten vor dem Städtchen, in der Gegend der heutigen Eisenbahnstation, aber auf der andern Seite des Baches, erhob sich die Statthalterei, also das Haus, welches die Tante Tschopp bewohnt hatte, als ihr Mann, der Statthalter, noch lebte; das Haus, in welches meine Mutter in ihrer Schulzeit mitunter während der Ferien zu Besuch kam. Es war das einzige einigermaßen herrschaftliche Haus Waldenburgs; ein parkähnlicher Baumgang zeichnete es aus, nicht so stolz und groß wie der Baumgang meiner Patin, der Frau Rosenmund in Liestal, den ich bewunderte, immerhin ein Baumgang, der nicht bäurisch, sondern herrschaftlich aussah. Oben hinaus, auf der Langenbrucker Seite, neben der Papiermühle, besaß die Familie Thommen, die im Städtchen einen Tuchladen hatte, ein merkwürdiges, abenteuerliches, farbiges Gartenhaus; allerlei fröhliche Launen verwirklichten sich dort; die Einzelheiten habe ich vergessen, nur den Gesamteindruck eines farbenlustigen, glänzenden, schmucken Häuschens und Gärtchens behalten.

Je kleiner ein Städtchen, um so höckriger die Einwohner. Das Salomeli schleppte mich nicht in die Weite spazieren, wie einst die Tante Gotte in Basel, sondern ließ mich ruhig und friedlich mit meinem Beil im Höfchen. Und das trug ebenfalls zu meinem völligen Behagen bei.

Die geräuschfrohe Base

OB ICH MITKOMMEN wolle zu der Base Soundso (den Namen habe ich vergessen), fragte mich das Salomeli und stieg mit mir durch einen brückenförmigen Gang nach dem Hinterhause über den Ställen. Schon von weitem hörte ich ein sonderbares, stetiges Gepolter, pumps und ritsch und rätsch, daß einem davon die Ohren vertaubten. Und mit jedem Schritt wurde das schreckliche Rasseln stärker. Doch das Salomeli beruhigte mich. Die Base lärme nicht vor Zorn, belehrte sie mich, sondern sei ein ganz friedliches, gutes Weiblein, ich solle nur ruhig mitkommen, ich werde dann schon sehen. Und überredete mich, in die schauerliche Wüterei einzutreten.

Dort tobte ein ungeheuerlich großes, das ganze Stübchen ausfüllendes Spielwerk wie wahnsinnig mit den

Armen und Beinen, immer auf und ab, auf und ab. Spulen und Fäden tanzten darin herum, und etwas Lebhaftes schoß wie der Blitz ewig hin und her, so schnell, daß man es kaum sehen konnte. Und die Wände donnerten, und der Fußboden zitterte. Ganz schwindlig wurde einem von dem Geschütz und Gedonner; gut, daß das Salomeli mich fest an der Hand hielt.

Da guckte hinter dem Geschütz ein Weiberkopf um die Ecke, und augenblicklich hörte der ganze Lärm auf, und das zappelnde Spielwerk stand still. Und wie ein gewöhnliches, friedfertiges Weiblein kam jetzt die Base freundlich auf uns zu, begrüßte mich und erklärte mir, daß sie es wäre, welche zusammen mit dem Spielwerk den Lärm vollführe, und daß sie, so oft sie wolle, den Graus anstiften und wieder abstellen könne. Was sie mir durch wiederholte Proben bewies. Nachdem ich das begriffen, war ich mit einmal entzückt von der lustigen, geräuschfrohen Base und konnte nie genug von dem mutigen Rasselspiel bekommen. Je stärker es donnerte, desto glücklicher war ich. Ganz verträumt stand ich dabei, wollüstig das Getöse einschlürfend. Ungern verließ ich das wundersame Rasselstübchen, erhielt übrigens die Erlaubnis, wiederzukommen, so oft ich wollte.

Auf dem Rückwege erteilte mir das Salomeli Aufschluß über das Erlebnis. Die Base spinne, sagte sie, das wäre aber eine besondere Art des Spinnens, die nenne man bosamenten. Aber o weh, die Fremdwörter! Wenn schon das Salomeli wie alles Volk statt passementerie ‹bosamenten› aussprach, wie sollte ich das schwierige Wort behalten, geschweige verstehen! Ich verwechselte das ‹bosa› mit Base und nannte den Lärm, den die geräuschfrohe Base vollführte, ‹basespinnen› oder, wenn das Salomeli über den Irrtum lachte, ‹basementen›. Indessen, ob ‹spinnen› oder ‹menten›, eines blieb sich gleich: immer von neuem begehrte ich in das Rasselstübchen zu der guten, freundlichen Base hinauf, um sie ‹menten› oder ‹basespinnen› zu hören. Und als ich ein paar Jahre später in einem Märchenbuch (Bechstein, mit Zeichnungen von Ludwig Richter) ein Bild schaute, wo beim Mondenschein im Tannenwalde ein Weib spinnt, dachte ich dabei nicht an die spinnenden Tanten und echten Basen, sondern an das fremde posamentierende Weiblein oben über den Hühnerställen in Waldenburg, die den Namen Base bloß wegen ihres Alters und ihrer Freundlichkeit führte.

Bei Herrn Meyer im Himmel

IN WALDENBURG, MITTEN im Städtchen, aber in der gegenüberliegenden Häuserreihe, wohnte damals ein Junggeselle namens Meyer, der für einen mürrischen, halbnärrischen Menschenfeind galt. Dieser Herr Meyer bezeigte mir eine besondere Gewogenheit, sprächelte mit mir, lud mich sogar ein, zu ihm aufs Bänklein vor dem Hause zu sitzen, was allgemeine Verwunderung erregte. Mir wieder ward zutraulich zumute in seiner Gesellschaft, und so blieben wir gewöhnlich in der Abenddämmerung lange Zeit wie Kameraden nebeneinander sitzen. Schließlich begehrte ich selber zu ihm hinüber, so oft ich ihn auf dem Bänklein vor seinem Hause sitzen sah.

Eines Abends, wie wir wieder so beisammen saßen, lud er mich mit geheimnisvoller Miene ein, ihm in den Hausgang zu folgen. Zuhinterst im Hausgang schwenkte er links ab in ein Gemach, das keine Wohnstube war, sondern etwas wie ein Raum zum Aufbewahren von unnützen Gegenständen. Zunächst gewahrte ich dort nichts Merkwürdiges. Plötzlich aber entdeckte ich mit namenlosem Entzücken, daß er mich in den Himmel geführt hatte: goldene Fische schwammen dort im Wasser herum, sei es in einem Glase oder, wie meine Erinnerung glaubt, in einem Teiche am Boden. Vom Himmel hatte ich aus dem Munde der Großmutter oft gehört, wenn sie uns den Abendsegen betete. Freilich, wo der war, hatte ich mir nicht vorstellen können, jetzt aber wußte ichs: in Waldenburg beim Herrn Meyer in einer Hinterstube. Und keine Möglichkeit, mir das abzustreiten, ich hatte ja doch die goldenen Fische klar und deutlich mit eigenen Augen gesehen.

Das war indessen noch nicht einmal alles. Er zeigte mir noch etwas Himmlisches, hinter dem Hause, neben dem Entenbach, wo die Gärtlein und Hühnerställe und Kehrichthaufen der Waldenburger sind: Kaninchen mit blauen Hälsen und roten Schwänzen und Ohren, Hühner mit weißen und grünen Beinen; ich glaube, sogar bunte Schweinchen waren dabei. Auch das behauptete ich mit eigenen Augen gesehen zu haben und ließ es mir nicht nehmen, solange ich ein Kind war. Später freilich sah ich die Unmöglichkeit ein, daß ich dergleichen in Wirklichkeit gesehen haben könnte, weshalb ich dieses Geschichtlein ins Traumreich verwies. Dort blieb es liegen, bis mich vor ein paar Jahren das ‹Schwesterli› belehrte, daß meine Erinnerung doch recht hatte. Nämlich der Herr Meyer betrieb neben anderen Narreteien auch diese, seine Kaninchen und Hühner mit Farben anzustreichen.

Solche himmlische Dinge gab es im Waldenburg des Salomeli zu genießen. Aber nun sehe einer die Bosheit der Menschen: das Salomeli habe ein häßliches Gesicht, wollte man mir einreden. Empörend lügnerisch! Und obendrein noch einfältig! Sie meinen immer, sie wären so gescheit, die Erwachsenen. Und wissen noch nicht einmal, daß die Salomeli und Tante Gotten, die Großmütter und Urgroßmütter die schönsten aller Menschen sind.

IM NEUEN HAUSE

Papa baut ein Häuschen

Mein Vater vertrug sich auf die Länge nicht mit dem Götti, dem einen der beiden Hauseigentümer, bei denen er zu Miete wohnte. Darum wollte er aus der Brauerei fort. Außerdem war es schon lange sein Wunsch gewesen, ein eigenes Häuschen zu besitzen, sei es noch so klein und bescheiden. Allein woher das Geld dazu nehmen? Denn er hatte nichts als seinen kargen Beamtensold. Mit ihm verglichen waren der Götti und der Großvater reiche Leute. Schließlich fand sich mit vereintem guten Willen von allen Seiten doch ein Mittel. Zunächst fiel die Sorge um den Baugrund weg, indem der Götti und der Großvater sich bereit erklärten, ihm gegen geringes Entgelt einen Eckzipfel ihrer großen Matte jenseits der Straße abzutreten. Das Sümmchen Geld für den bescheidenen Bau liehen ihm zu glimpflichen Bedingungen einige Basler Herren, die sich schon früher des Waisenkindes angenommen und ihm die Gewogenheit trotz seiner Teilnahme an der Schlacht gegen die Basler nicht gänzlich entzogen hatten. Ein junger angehender Basler Architekt entwarf überdies kostenlos den Hausplan, der selbstverständlich so einfach als möglich gehalten werden mußte. Etwas aus Stein mit einem Dach darüber und ein paar Zimmerchen darin, drei im Erdgeschoß und drei im ersten Stock, das war die Aufgabe. Ein Häuschen wie ein Spielzeug für Kinder. Aber es stand nach allen vier Seiten frei, und das war die Hauptsache.

Sobald die obrigkeitliche Baubewilligung eingelaufen war, im Sommer 1846, wurde der Bau in Angriff genommen. Der wirkte natürlich auf mich wie ein gewaltiges Ereignis, das sich als tief und nachhaltig erwies. Jedesmal wenn in meinen Schriften von einem Hausbau die Rede ist, habe ich die Gemütsfarben dazu aus dem Hausbau meines Vaters bezogen.

Ein Festvergnügen war es schon für mich, zu sehen, wie jenseits in der Matte die Schollen ausgebrochen und die Höhlen der Kellerräume gegraben wurden. Allein obgleich ein schützendes Geländer um die Abgründe lief, durfte ich nicht in die Nähe. Nur ausnahmsweise führte mich Papa vorsichtig an der Hand hinzu, und selbst an seiner Hand nicht bis dicht an das Geländer. Wie dann die Mauern emporwuchsen, ging es mir viel zu langsam. Die winterliche Unterbrechung schaffte zunächst Ungeduld, hernach Gleichgültigkeit und Vergessen. Eines Morgens aber im Frühling grüßte mich ein entzückender Anblick: eine feuerzündrote Haustür! Doch Papa dämpfte meinen Jubel. Das wäre bloß die Untermalung, belehrte er mich, die Haustür würde später grün werden. O Enttäuschung! Und unbegreiflich! Wie mochte jemand etwas grün haben wollen, wenn er es rot haben konnte! . . . Auch der buntbewimpelte Tannenbaum, der eines Tages auf dem Dachfirst erschien, war eine falsche Vorspiegelung: er verschwand wieder. Zur Entschädigung dafür habe ich ihn später auf die Jubelhalle des Zeus gepflanzt.

Glücklicherweise hielt der Hauptschmuck des Häuschens besser Wort: eine kreisrunde Verzierung vorn in der Mauer unter der Dachspitze. Der Kreis war ringelrund, ohne den mindesten Buckel, was ich zu schätzen wußte, da meine eigenen Kreise Kartoffeln oder Rüben glichen, und in dem Wunderkreise der Vollkommenheit lächelte eine Blume. In diese Verzierung verliebte ich mich geradezu. Ich war stolz darauf, ein solches Häuschen unser nennen zu dürfen, das einen so unvergleichlichen, fehlerlosen Kreis in der Mauer aufwies. Beides, die Blume und der Ring darum, bestehen noch heute. Aber ob wirklich eine Blume in dem Kreise ist, oder was sonst, weiß ich, obschon ich erst letztes Jahr wieder davor gestanden habe, von neuem nicht. Ich weiß besser, wie einst dem entzückten Kinde die Phantasie die Verzierung vorspiegelte, als wie neulich meine nüchternen Augen es sahen. Vorausgesetzt, daß ich überhaupt nüchterne Augen habe.

Als der Hausbau schon unter Dach und nahezu vollendet war, mußte mein Vater alles im Stich lassen und verreisen. Er war nämlich von der Regierung zum zweiten Gesandten an die eidgenössische Tagsatzung in Bern ernannt worden. Im Spätherbst, während seiner Abwesenheit, wurde der Umzug in das inwendig noch unfertige Häuschen bewerkstelligt. Nicht auf einmal, sondern ganz allmählich: heute wurde dieses, morgen jenes Stück Hausrat über die Straße getragen, wie man gerade Zeit hatte und was einem zunächst in die Finger gelangte. Beim Zusammenkramen und Einpacken kam unter anderm eine prächtige rote Weste mit goldglänzenden Knöpfen zum Vorschein, zu einer Fastnachtverkleidung gehörend. Damit wollte ich mich flugs schmücken und darin herumstolzieren. Doch Mama vertröstete mich auf die Zukunft: «Nicht jetzt; an der Fastnacht dann.» Die Großmutter half natürlich beim Umzug mit, und der Ünggeli auch. Ich habe noch deutlich im Sinn, wie die Großmutter eines Abends, als sie aus dem Neubau zurückkehrte, vor der Scheune der Brauerei die Klage ausstieß: «Das sind doch wirklich entsetzliche Zeiten, in denen wir leben! Das ist ja schrecklich, was alles geschieht!» Was sie damit meinte, davon hatte ich natürlich keinen Begriff. Sie meinte aber jedenfalls den Sonderbundskrieg oder die Zurüstungen dazu.

Als letztes Umzugsstück beförderte man eines Abends um die Dämmerzeit auch mich, der bis dahin bei der Großmutter geblieben war, in das neue Haus hinüber. Um mich mit dem fremden, noch recht leer aussehenden Wohnzimmer zu verschönen und mir überhaupt den Tausch schmackhaft zu machen, überließ man mir ein Stück Papier und einen Bleistift. Das Papier legte ich auf den Fenstersims und begann kniend zu zeichnen. Und hier in der ersten Stunde im neuen Haus leistete ich meine erste künstlerische Komposition. Während ich nämlich bisher nur immer je einen einzigen Gegenstand gezeichnet hatte, einen Baum oder einen Vogel, geschah mir jetzt, zu meinem eigenen großen Erstaunen, ein leuchtender Einfall: den Baum und den Vogel auf einen nämlichen, gemeinsamen Erdboden zu stellen und dadurch beide miteinander zu einer Geschichte zu verbinden. Rechts auf einer Höhe entstand ein Baum, in der Mitte klaffte ein Abgrund, links, auf einem zweiten Hügel, guckte ein Vogel über den Abgrund nach dem Baum hinüber und der Baum wieder zu ihm. Als ich das vollendet hatte, überkam mich ein stolzes Gefühl, wie wenn ich etwas Wichtiges erfunden hätte. Es war auch in der Tat etwas Wichtiges, nur nicht eine Erfindung, sondern eine Eroberung: ich stieg dadurch, daß ich mehrere Gegenstände zu einem gemeinsamen Bilde vereinigte, aus dem Nichts auf eine Kunststufe, die denkbar niedrigste und lächerlichste zwar, immerhin eine Kunststufe.

Und in der darauffolgenden Nacht erfuhr ich einen Traum, der wie ein wichtiges und abenteuerliches Erlebnis auf mein Gemüt wirkte: ich sah mich im Traum durch ein eisernes Gitter wie in einer Festung von der Welt abgesperrt. Ob damals das Haus tatsächlich mit einem Eisengitter abgesperrt war, weiß ich nicht mehr; aber den Traum, der mirs zeigte, und den tiefen Eindruck, den mir der Traum verursachte, habe ich nicht vergessen.

Liedlein singen

UM SICH DIE neue Wohnung anzusehen, erschienen in den nächsten Tagen nach dem Einzug Besucherinnen; darunter Mamas beste Schulfreundin, meine Patin, Frau Rosenmund, die schon drüben in der Brauerei fast jeden Abend meiner Mutter Gesellschaft geleistet hatte. Während die Gäste im Haus herumgeleitet wurden, durfte ich mich anschließen, wobei ich, durch die bewundernden Ausrufe aufmerksam gemacht, alle Dinge deutlicher als vorher wahrnahm. Blank, sauber, frisch mutete das ganze Häuschen an. Von überall kam Licht herein, nirgends ein dunkler Raum. Im Erdgeschoß freilich sah es leer aus. Die meisten und schönsten Möbel waren nämlich im oberen Stock untergebracht worden, den man hoffte vermieten zu können.

So oft eine Besucherin sich empfahl, wurde ich unten im Hausgang auf den Arm gehoben und mußte ihr zum Abschied meine beiden Liedlein vorsingen, die mich Mama kürzlich gelehrt hatte. Das eine pries die Lustigkeit des Eisenbahnfahrens, das andere die Wonne des

Polkatanzes. Für meine Gesangsvorträge hatte ich dankbare Zuhörer, mit Beifall wurde nicht gekargt. Den Haupterfolg erzielte ich durch ein Mißverständnis, das mir in dem Polkaliedlein jedesmal begegnete. Darin kam der Satz vor: «Hüpft das Herz nicht froher dir?» Statt dessen sang ich: «Hüpft das Herz nicht vor der Tür?» Das freut mich. Ich habe demnach schon als kleines Kind unechte, messingpoetische Redeweise abgelehnt.

Auf dem Dachboden

MIT AGATHE WAR ich neugierhalber auf den Dachboden gestiegen. Dort verließ sie mich, ich weiß nicht mehr weshalb, und ich blieb allein. Das kümmerte mich weiter nicht, denn über die Einsamkeitsangst war ich hinaus. Aber wie nun allmählich der Dachboden sich mit Düster, hernach mit Dunkel, schließlich mit Finsternis füllte, welche einen Gegenstand nach dem andern verschlang, durchschauerte mich ein eigentümliches ernstes Gefühl. Nicht etwa Gespensterfurcht, ich wußte von Gespenstern gar nichts, sondern Wahrheitswitterung; ich meine die Ahnung, daß es jenseits des hellen Tages mit seinen vielen kleinen Geschichten noch eine andere Wirklichkeitswelt gibt, größer, mächtiger und schlimmer als die freundliche Großmutterwelt. Darüber wurde mir unheimlich, so daß ich, ohne mich zu rühren, in die Finsternis starrte, welche, meinen Blick aushaltend, unverwandt zu mir zurückschaute, mit rätselhaften Augen, gebärerisch, als ob aus weiter Ferne etwas Wichtiges und Böses aus ihr hervorkommen wollte.

Ich bin weder willens noch befugt, auf jenes Stündlein auf dem Dachboden deswegen überlegen zurückzublicken, weil ich damals ein winziges, gedankenloses Menschlein war. Der Gedanke ist nicht der einzige Weg zur Wahrheit; ich bin sogar versucht zu sagen, ein Irrweg. Kurz, ich schaute damals einen Augenblick in das Antlitz der Meduse.

Dann wurde ich vom Dachboden heruntergeholt, und beim Kerzenschein im traulichen Wohnzimmer vor der warmen, mütterlichen Gegenwart genas ich gleich wieder zum muntern, törichten Kinde.

Die vergnüglichen Sträflinge

EINES FINSTEREN ABENDS hielt der Postwagen, statt wie gewöhnlich vorüberzurasseln, vor dem Hause an, und die Pferde schüttelten an einem fort ihre Schellen. «Papa ist gekommen», lautete der Freudenruf. Unmutig vernahm ich die Nachricht. Was ist das: ‹Papa›? Was geht uns der an? Er war so lange fortgeblieben (dreiundeinhalb Monate), daß ich sein Dasein vergessen hatte.

Es war die erste und zugleich die längste Pause innerhalb seiner Berner Tätigkeit. Er benützte sie, um das unterbrochene Baugeschäft zu Ende zu führen. Täglich erschien jetzt am Morgen ein Trüpplein Handwerker, Gipser und namentlich Maler, Menschen von verschiedenen Nationen, ein Ungar und ein Italiener war darunter, und auserlesene Leute: nämlich aus dem Gefängnis ausgesucht. Papa nahm erst jedem das Ehrenwort ab, nicht davonzulaufen, dann traute er ihnen und ließ sie frei, ohne Aufsicht, schalten. Es lief auch wirklich keiner davon, sie waren des Tausches gegen das finstere, feuchte Zuchthaus herzlich froh, zumal mein Vater in seiner Leutseligkeit freundlich mit ihnen umging, sie ihren sonstigen Gefängnisberuf nicht fühlen ließ und abends, nach vollbrachter redlicher Arbeit, noch ein halbes Stündchen mit ihnen bei einem Glase Wein gemütlich plaudernd zusammensaß. «So! und jetzt geht brav heim ins Zuchthaus und kommt morgen punkt acht Uhr wieder!»

Diese Sträflinge nun waren eifrige und fröhliche Leute und arbeiteten mit Freuden. Einer und der andere sang sogar während der Arbeit, und zwar recht schön, so daß einem eigentümlich wohl zumute wurde, wenn man sie singen hörte. Wir Kinder aber durften ihnen bei der Arbeit zusehen. Es lohnte sich auch, besonders bei den Malern im Hausgang. Der war grau gemalt gewesen, als wir einzogen, und das hatte ich schon prächtig gefunden, jetzt malten sie kunstvolle grüne Streifen und Tupfen ins Grau und schließlich noch weiße Zakkenlinien hinein. Das werde Marmor werden, wenn es fertig sei, erklärten sie uns mit wichtiger, bedeutsamer Miene. Und dann der köstliche Ölfarbengeruch von den Wänden herab und aus den Farbentöpfen herauf! Von damals her habe ich eine Vorliebe für den Ölfarbengeruch behalten.

Mit diesen braven, freundlichen Sträflingen schlossen wir Kinder Freundschaft. Jeden Abend, wenn sie mit Papa in der Wohnstube beim Wein saßen, durften wir, nachdem wir bis aufs Hemd ausgekleidet waren, noch ein Weilchen ihnen auf die Knie sitzen, wie einst dem Großvater, und uns von ihnen schaukeln lassen. Das war das Hauptvergnügen des Tages, denn wir hatten einander wirklich gerne.

Santiklaus

WÄHREND WIR EINES Abends wie gewöhnlich hemdlings auf den Knien unserer internationalen Freunde saßen, geschah ein Gepolter im Hausgang, die Stubentür wurde aufgerissen, etwas Lebendiges warf schnell ein paar Handvoll harter Dinger auf den Boden, dann wurde alles wieder still. «Santiklaus!» hieß es zur Erklärung. Darauf fragte Papa mit gedämpfter Stimme, in der Meinung, wir hörten es nicht: «Wer wars?» «Der Groß-Adolf und der Karl.» Diese halblauten Worte fing ich aber auf – kein Kunststück, denn Papas mezza voce glich dem fernen Donner – und mit meiner Schlauheit kam ich hinter das Geheimnis: der unsichtbare, polternde Santiklaus war demnach ein Verwandter der Buben des Götti, ihr Onkel oder Pate, oder so etwas. Freilich, was der bei uns wollte und warum er solch einen Lärm machte, vermochte ich nicht zu enträtseln.

Unterdessen hatte Mama die Sachen aufgelesen, welche der Santiklaus auf den Boden und in den Hausgang geschleudert hatte, und trat mit dem Kram ans Licht. O Wunder, o Seligkeit! Bildertäfelchen, groß wie kleine Spielkarten, doch nicht flache Bilder wie in den Büchern, sondern erhabene, körperliche Figuren, als ob sie lebten. Und die Figuren waren angemalt, aber fein, und zart, nur so mit unbeschreiblich schönen Farben angehaucht. Der Rand der Täfelchen war erhaben, von der nämlichen Höhe wie die Figur, längs der inneren Linie des Rahmens lief, kreuzweis gestrichelt, ein farbiges Kränzlein. O diese Kränzlein! für sich allein ein ganzes Paradiesgärtlein! Die Strichlein der einen Richtung waren nämlich grün, die Strichlein der andern Richtung rot. Und beides kreuzte sich, ohne sich gegenseitig zu beeinträchtigen. Dieses wonnige Wunder war mit dem Blick gar nicht auszulernen. Und als wir nun einander die kunstvollen Täfelchen glückseufzend vorwiesen und sie miteinander verglichen, siehe, eine neue Überraschung: jedes Täfelchen zeigte eine andere Figur: Vögel, Fische, Menschen, Blumensträuße. Es war eine der glücklichsten Stunden meines Lebens.

«So, jetzt dürft ihr auch eines davon essen», lautete die ermunternde Erlaubnis. Essen? Kann man denn Kunstwerke essen? Doch wahrhaftig, man konnte, und zwar schmeckten sie ausgezeichnet. Was ist nur das für ein ganz besonderer Leckergeschmack? «Anis.» Es waren Anisbrötchen. Dieser Anisgeist Santiklaus gefiel mir außerordentlich.

In den nächstfolgenden Tagen regte sich die lüsterne Frage, ob noch mehr solcher unsichtbarer, wohltätiger

Geister zu erhoffen seien. Gewiß: das Weihnachtskind, der Silvester, das Neujahrskind, Drei Könige, die Fastnacht und ganz zuletzt der Osterhas, alles diesen Winter noch. «Und später, wenn der Winter vorbei ist?» Nichts mehr. Durch diese winterliche Geisterreihe im Gegensatz zu der übrigen geisterlosen Zeit dämmerte mir zum ersten Mal eine Vorstellung von verschiedenen Jahreszeiten. Einstweilen gab ich entschieden dem Winter den Vorzug.

Von wo indessen, kitzelte mich meine Wißbegier, kommen die Wintergeister eigentlich her? Bald hatte ichs heraus: hinter dem Hügel des Großvaters wohnen sie und kommen jeweilen, wenn es Zeit ist, in der Nacht um die Ecke herum, zwischen dem Rain und dem Garten der Brauerei, heimlich angeschlichen.

Der geheimnisvolle Vater

DIE TAGE WURDEN immer kürzer, die finsteren Abende länger. Da man aber uns Buben doch nicht um fünf Uhr zu Bett legen konnte, erblühte uns nun stundenlang der hochgemute Genuß, um welchen wir so oft die Erwachsenen beneidet hatten, bei Kerzenlicht wach und rüstig in den Kleidern aufzubleiben, während draußen die Nacht umging. Sie war eigentlich unheimlich, die Nacht, wenn man ein bißchen länger an sie dachte oder in die dunklen Zimmerecken und schwarzen Fenster guckte, allein sie konnte ja nicht durch die Mauer ins Haus herein, und die Haustür war geschlossen, abgesehen vom Kerzenlicht, vor welchem sie sich fürchtet.

Eines Abends, als es schon seit langer Zeit finster geworden war und wir immer dringlicher zum Schlafengehen gemahnt wurden, erklärte mein Vater so beiläufig, als handle es sich um die gewöhnlichste, gleichgültigste Sache, er wolle noch ein bißchen ausgehen, nahm gelassen seinen Hut und entfernte sich gemächlichen Schrittes erst aus dem Zimmer, dann durch den Hausgang, endlich durch die Haustür in die Nacht hinaus.

Diese nächtliche Unternehmung erfüllte mein Herz mit wollüstigem Grausen und scheuer Bewunderung. In welchen Wald wird er wohl gehen? mit was für Hexen und Zauberern verkehren? Kennt er denn die? Und der Wolf und die Eule, ist er auch mit diesen befreundet, daß er sich nicht vor ihnen fürchtet? Ob wohl die Sterne herunterkommen, um mit ihm zu reden und zu spazieren? Daß Papa in so dunkler Stunde sich anderswohin begeben könnte als in den Wald, lag außer dem Bereich meiner Vorstellungen. In der Nacht ist draußen überall Wald, das ist einfach, und leicht zu begreifen. Wie es aber zur Nachtzeit im Walde zuging, von was für Wundern und Abenteuern es dort wimmelte, wußte ich teils aus den Märchen der Großmutter, teils ahnte ichs selber von weitem.

Und wie ruhig er der märchenhaften Gesellschaft entgegenzog! Ich hatte ihn genau beobachtet: nicht eine Miene, nicht ein Blick verriet die mindeste Besorgnis. Offenbar war es heute nicht das erste Mal, er mußte schon seit langem mit den Waldgeistern auf vertrautem Fuße leben.

Aus der Nachwirkung jenes Abends ist die Schilderung der Reise der Gotteskinder in meinem «Prometheus» entstanden. Zwar steht dort natürlich nichts von dem neuen Häuschen und daß Papa den Hut aufsetzte und zur Haustür hinausging. Ich aber weiß, daß, wenn ich nicht in meiner frühesten Kinderzeit einmal meinen Vater abends spät hätte in die Nacht hinausziehen sehen, die Schilderung der Reise der Gotteskinder nicht dastände. Einem andern, der nicht in seinem Herzen ein hierher taugliches Erlebnis vorgefunden hätte, wäre es ja überhaupt nicht in den Sinn gekommen, die Reise der Gotteskinder so ausführlich zu erzählen.

In der Einsamkeit

UNVERSEHENS WAR DER Vater wieder weg nach Bern; seine mächtige Stimme hallte nicht mehr durchs Haus, die fröhlichen Sträflinge mit ihrem wohllautenden Singen waren ebenfalls verschwunden, stille, stille ward es im Haus und einsam. Niemand mehr darin als die leise Mutter, die geschäftige Agathe und das unnütze, unruhige Brüderchen, zu groß zum Spielzeug, zu klein zum Spielkameraden.

Welch ein Gegensatz gegen früher! War das einst ein reiches Leben gewesen drüben in der Brauerei! Nicht jederzeit ein erfreuliches Leben, aber immer ein Leben. Den ganzen Tag ging etwas, und das Haus war voller Menschen. Und was für Menschen! Die liebsten auf der ganzen Welt: die Großmutter und der Großvater und der Ünggeli und die beiden Buben des Götti, und der Götti selber, den wir auch zu uns zählten. Dazu die Kellnerin und Franziska, die Köchin, und die Knechte und das Kleinvieh und Großvieh in den Ställen, ungezählt die Gäste der Wirtsstube, von denen doch auch dieser oder jener Liestaler sich mit uns angefreundet hatte.

Das alles war nun wie weggeblasen, alles Bisherige wie mit dem Messer abgeschnitten und in die Vergangenheit entrückt, die unendliche Reihe der tausend und abertausend Erlebnisse bis in die Wiegenzeit zurück entzweigerissen, der Fortsetzung bar, als unbeweglicher Leichnam in die Erinnerung verwiesen. Daß von der schräg gegenüberliegenden Brauerei einzelne Teile sichtbar waren, die Scheunen und Remisen, die Ställe, ein Stück Garten und der Rain des Hügels dahinter, machte die gegenwärtige Einsamkeit nur noch fühlbarer, indem man beständig an den Gegensatz erinnert wurde. So entstand eine Gesamtstimmung der Leere, die mir nur deshalb nicht als Heimweh zum Bewußtsein kam, weil ich, um bewußtes Heimweh spüren zu können, noch zu klein war. Anflüge davon, ich meine flüchtige Anfälle von Wehmut und Sehnsucht, kamen doch schon dann und wann vor, dann nämlich, wenn meine Mutter, deren Herz ebenfalls in der Brauerei, der Stätte ihrer Kindheit und ihres gesamten jungen Lebens, geblieben war, mich auf Lebensspuren von drüben aufmerksam machte. Zuerst, nach unserem Umzug im Herbst, hieß es: «Hörst du, wie sie dreschen, drüben in der Scheune? Das ist der Ünggeli, der drischt.»

Gespannt lauschte ich, zwischen Freude und Trauer, den sonderbaren, kunstmäßigen Taktschlägen, wehmütig verwundert über die Unsichtbarkeit des dreschenden Ünggeli. Ein anderes Mal führte sie mich ans Fenster des verwaisten Bureaus: «Siehst du den Großvater auf dem Hügel oben, wie er Samen ausstreut?» Da sah ich seine geliebte Gestalt längs dem Saum des Hügels mit langsamen Schritten stetig fortschreiten und mit jedem Schritt in einen Sack greifen, den er umgebunden hatte, und dann den Arm ausstrecken und schütteln. Den Anblick verspürte ich als einen Gruß aus weiter Ferne von jemand Liebem aus alten Zeiten.

Während des Winters blieb es drüben tot. Dann aber wieder gegen das Frühjahr: «Hörst du den Hahn, wie er kräht? siehst du ihn dort auf dem Misthaufen? Das ist dem Großmütterlein ihr Hahn.» Oder: «Riechst du den Malzdampf? Das ist der Götti im Brauhaus, der Bier braut.» Oder: «Siehst du die schwarzen Pechwolken über dem Kegelplatz? riechst du sie nicht? Das ist der Ünggeli, der Fäßlein picht.» Jedem dieser Sprüche antwortete ein süßer schmerzlicher Stich in meinem Herzen. Malzgeruch und Pechgewölk aber sind mir von dorther zeitlebens Symbole des Vorfrühlings geblieben, im Andenken an den Götti im Brauhaus und den Ünggeli auf dem Kegelplatz.

DIE AUFGABE, MICH über die lange Winterzeit im Zimmer zu vertrösten, fiel dieses Mal in Abwesenheit der Großmutter und des Großvaters meiner Mutter und Agathe zu. Keine leichte Aufgabe. Von dem alten Spielzeug: Bäumlein, Rößlein, Schäflein und so weiter wollte ich nichts mehr wissen, das Bureau des Vaters mit seinen Säbeln, Gewehren, Sporen und Dutzenden von Tabakspfeifen hielt mangels einer Erklärung als bloße Sehenswürdigkeit nicht lange vor; den Ausblick auf die Straße verschmähte ich, seit ich nach unzähligen Enttäuschungen mit mir darüber im reinen war, daß von dorther nie und nimmer etwas Ersprießliches zu erwarten sei, weder Soldaten noch wilde Tiere. Ein einziges Mal während des ganzen Winters sah es danach aus, als ob das Schicksal sich aufraffen und etwas Vernünftiges spenden wollte. Ein zweihöckeriges Kamel mit einem Affen zwischen den Buckeln wackelte daher, kehrte in der Scheune des Großvaters ein und mampfte dort Heu oder etwas desgleichen. Ah, endlich! Schon freute ich mich auf die Bataillone von Nashörnern, Löwen und Hyänen, die nachfolgen würden, aber, o leid, statt des Anfangs war es der Schluß; nicht die kleinste Antilope mehr. Nein, mit der Wirklichkeit draußen vor den Fenstern ist es nichts; besser gar nicht mehr daran denken.

Darum flüchtete ich in eine bessere Welt, in die Bilderbücher.

Das Hauptbilderbuch, jenes, auf welches ich immer

von neuem zurückgriff, war gemalt, das war sein Vorzug. Das Titelbild zeigte eine spanische Küche. Ob diesem Titelbild war mir vor Zeiten, als ich das nämliche Buch zum ersten Mal betrachten durfte, im Städtchen bei der kleinen Therese im Ladenstübchen der Frau Berry, der Mutter meiner Patin, das erste Phantasiespiel in wachem Zustande widerfahren. Das ging unheimlich zu. Mein Blick glitt aus dem dunklen, rußig gebräunten Hintergrund der spanischen Küche in den hellen Tag des Stübchens, und plötzlich schaute ich jenseits der Häuser sonnige Wiesen, die mein Auge gar nicht sehen konnte. Zuerst wollte ichs einfach nicht glauben. Wie ich mir aber nicht mehr ableugnen konnte, daß ich schaute, was ich nicht sah, packte mich ein jäher Schreck, eine Art kleiner Todesangst, ein Gefühl, als ob ich in einen Strudel gezogen und um und um gewirbelt würde, verbunden mit dem Gedanken, ich hätte meinen Verstand verloren, und mit der Befürchtung, ich würde ihn nie mehr wiederfinden. Das Ganze währte bloß einen Augenblick; denn sowie das Phantasiebild verschwand, war ich wieder beruhigt. Aber es war ein angstvoller Augenblick.

Weiter hinten im Buche waren Menschen mit Fischköpfen zu sehen, und darunter stand, wie mir vorgelesen wurde: ‹Karneval von Trier›. Daß es Menschen mit Fischköpfen gibt, erfuhr ich erst jetzt, sie gefielen mir indessen nicht. Später kam ein holländisches ‹Treckschuit›. Der Name, alemannisch gedeutet, erregte meine Entrüstung, so daß ich dieses Bild jedesmal ärgerlich überschlug. Ferner ‹Tanzende Polen› und, wenn ich nicht irre, Tiroler oder ähnliche Bauersleute, welche mit Blumensträußen geschmückt waren und Kränze schwenkten. Beim Anblick dieser Maien erinnerte ich mich, einst etwas Ähnliches draußen im Freien gesehen zu haben, und gewann dadurch wieder einen dunklen Begriff von verschiedenen Jahreszeiten. Während mich die Farben im ganzen freuten, hielt ich mich darüber auf, daß die Backen der Menschen und die Kappen der tanzenden Polen mit dem nämlichen stumpfen Rot angemalt waren. Die letzte Bildseite war ausgerissen. Warum wäre es mir heute so wichtig, zu wissen, was die ausgerissene Bildseite vorstellte, daß ich imstande wäre, eine Reise zu unternehmen, wenn mir jemand verspräche, mir das Bild zu zeigen? Deshalb, weil ich damals genau der nämliche war, der ich heute bin.

Der Struwelpeter, den mir das Weihnachtskind gebracht hatte, mißfiel mir. Witz und Spaß empfand ich als nüchterne Verzerrungen der Welt, und gegen die aufdringlichen Nutzanwendungen empörte sich sowohl mein Verstand wie mein Gefühl. Einzig die goldene Sonne und der wahrhaftige Baum, unter welchem der Jäger steht oder liegt, kamen meinem Bedürfnis entgegen und zuhinterst das dreifache Regengewölk. Diese beiden Bilder muteten mich an, weil ihnen Erinnerungsbilder aus der Vorzeit im Reiche der Großeltern entgegengrüßten.

Um meinen unersättlichen Bilderdurst zu stillen, wurde schließlich, nachdem man aus der Brauerei illustrierte Schulbücher und andere entlehnte Bilderware mit größerem oder kleinerem Erfolg zugezogen hatte, ein riesiges Prachtwerk von vier Bänden aus Papas Bureau herübergeholt. Das enthielt nicht weniger als die gesamte Menschheit und Tierheit. In dieses Riesenbuch lebte ich mich dermaßen hinein, daß ich mich in einzelne Figuren geradezu verliebte. Unter den Menschen waren es zwei schnauzbärtige Männer, die mirs antaten, der finstere Pole auf der ersten Seite, der mit gekreuzten Armen vor einer brennenden Stadt stand, und der unglaublich schöne Seeräuber, der ein zappelndes Frauenzimmer in einen Kahn schleppte. Warum das Frauenzimmer sich sträubte, konnte ich nicht fassen. Mußte es denn nicht ein herrliches Glück sein, solch einem berückenden, langschnäuzigen Seeräuber zu folgen? Von den Tieren galt meine Zärtlichkeit der gefleckten Hyäne, bei heftiger Verachtung der gestreiften; dann dem Kasuar, den ich vornehmer fand als den windigen, eitlen Vogel Strauß. Hier spielte übrigens schon ein wenig Eigensinn mit. ‹Ihr sprecht immer einzig von der gestreiften Hyäne, deswegen halte ichs mit der gefleckten. Alle Welt macht aus dem Vogel Strauß ein so großes Wesen, folglich finde ich ihn dumm und ziehe den verachteten Kasuar vor.› Vor allem aber entzückte mich der hochbeinige, schlanke Vogel Sekretär mit seinem leichten, kühnen Schritt, seinen wilden Augen und dem unsäglich anmutigen Federbusch hinter dem Ohr. Aber ein Rätsel gab mir bei diesem Bilde zu schaffen. Mein Vater hatte in seinem Bureau ebenfalls einen Sekretär. Das war aber kein Vogel, sondern ein glänzender Schrank. Jetzt, was für eine Ähnlichkeit besteht zwischen dem Schrank und dem Vogel, daß sie beide denselben Namen haben? Immer von neuem strengte ich meinen Geist an, um eine Ähnlichkeit herauszufinden, doch ewig vergebens. Im Gegenteil; je mehr ich die beiden verglich, desto unähnlicher erschienen sie mir. Wo hat denn Papas Sekretär die Augen und den Schnabel? wo der Vogel Sekretär die Schublade, die Tür und das Schlüsselloch? Nein, das bringe ich nie heraus, das ist mir zu schwierig.

Welk

IM VORFRÜHLING KAM einer jener atmosphärisch verwünschten Morgen, wo der Mensch unter dem grauen, nassen Himmel alles mit trüben Gefühlen betont, Vorkommnisse und Gedanken. Ich war demzufolge traurig und mürrisch, ‹verstimmt›, wie die Erwachsenen sagen. Nachdem alle übrigen Aufheiterungsversuche mißglückt waren, wurde ich auf Agathes Arm ins Freie geschickt. Sie trug mich, von der Landstraße links abbiegend, auf einem Fußweg über die Wiesen nach jenem Acker des Großvaters, der das Gitterli hieß. Aber wie sah heute die Welt trübselig aus! Flur und Acker, Erde und Himmelsluft, alles grau und braun. Die ganze Welt ein ödes Elend. Und dazu das Nachgefühl eines unendlich langen unerfreulichen Stubenlebens. Es war ein unseliger Ausflug. Trauriger zog ich heim, als ich fortgezogen war. Ein Gefühl, als ob ich ausgestorben wäre und nie mehr froh werden könnte.

Daß ich nur welk, nicht alt war, daß ein Sonnenstrahl

genügen würde, um mich wieder aufzufrischen, davon wußte ich ja nichts. Nicht einmal etwas davon, daß die Welt eines Tages wieder anders, freundlicher aussehen werde. Ich meinte, das bleibe nun so. Der Trost der Erwachsenen: «Es muß doch Frühling werden» konnte mir nicht helfen, da ich noch von keinem Frühling wußte.

In der Kirche

WENN ICH IHR versprechen wolle, ruhig sitzen zu bleiben und kein Wörtlein zu reden, außer höchstens ganz leise, so dürfe ich mit ihr in die Kirche kommen, sagte Agathe. Zwar fehlte mir jede Ahnung, was einen dort erwartete; ich hatte bisher gemeint, die Kirche diene einzig dazu, daß die Störche ihr Nest darauf bauten. Allein der Erlaubniston, mit dem sie es sagte, klang nach einem bevorstehenden Genuß; überhaupt war ich immer willens, etwas Neues zu erleben. Also versprach ich, still und fromm auszuhalten.

In der Kirche befiel mich zunächst ein gewaltiges Staunen über den ungeheuer großen, hohen, leeren Raum, der weder einem Wohnzimmer, noch einer Wirtsstube glich, am ehesten noch dem Brauhause des Götti, aber auch das eigentlich nicht recht, denn im Brauhause war es finster und hier war es hell, im Brauhause standen Kessel und hier Bänke. Wie sich meine Augen dann allmählich eingewöhnt hatten, erblickte ich plötzlich an der Seitenwand etwas Entzükkendes: prachtvolle Fenster, hoch und schmal, mit märchenhaft schönen farbigen Scheiben darin. An diesen Fenstern blieb mein Blick bewundernd hangen. Wenn ich nicht Agathe neben mir gespürt und nicht gewußt hätte, daß draußen vor der Tür das Städtchen Liestal warte, so hätte ich gemeint, ich wäre im Himmel. Horch! mit einmal begannen die himmlischen Fensterscheiben noch Musik zu machen, und zwar solch eine beglückend wohllautende Musik, daß man ganz selig davon wurde. Eine Unmasse Töne auf einmal, und jeder Ton schön, und alle die schönen Töne waren befreundet miteinander. Sind die musizierenden Fenster denn heimlich belebt? Oder schweben am Ende Engel dahinter, welche unsichtbar durch die Fensterscheiben in die Kirche herein sangen? Da hieß mich Agathe den Kopf umdrehen und deutete nach einem riesigen gold- und silberfunkelnden Gestell hinter mir, oben in der Kirche; ‹Orgel› nannte sie das, und jetzt begriff ich, daß die Musik nicht von den Fenstern kam, sondern von der Orgel.

Nachbarschaft

IM FOLGENDEN FRÜHLING kam mein Geburtstag. Hiemit wurde ich dreijährig, war mir dessen hochgemut bewußt, fühlte mich groß und stark, behauptete, ich sei jetzt erwachsen, und erhob deshalb den Anspruch, unbegleitet, nach freier Laune, in der Nähe des Hauses herumzustreifen. Dem Anspruch wurde zur Hälfte nachgegeben. Mich über die Straße zu wagen, blieb nach wie vor verboten, dagegen in der Nachbarschaft diesseits der Straße durfte ich mich, mit Vorsichtsregeln beladen, frei ergehen. Und den kleinen Adolf nahm ich jeweilen mit.

Nur wenige Schritte entfernt, auf der nämlichen Straßenseite, und gleich unserm Hause etwas zurückstehend, darum ohne Gefahr erreichbar, stand das äußerste Haus des damaligen Liestal. Das war geräumig, mit Familien und Kindern reich gesegnet. Unter anderen hauste dort der Liestaler Musikmeister namens Seber. Der hatte mehrere Töchter, die dazu dienten, uns die abenteuerlichen, glänzenden Musikinstrumente ihres Vaters aufzuschließen und vorzuzeigen. Wir bliesen aus Leibeskräften in die Trompeten, brachten aber keinen Ton hervor. Im Hinterhause, gegen die Wiesen, unten vor dem Gärtchen, hantierte ein Schreiner in seiner Werkstatt. Bei einem Handwerker gibt es immer etwas zu sehen; erstens liegen dort beständig eine Menge merkwürdiger Gegenstände herum, zweitens rührt sich der Mensch und schafft etwas und sitzt nicht so faul und langweilig da wie die übrigen Erwachsenen. Mit dem Schreiner schlossen wir daher Freundschaft. Ferner gab es vorn gegen die Straße ein Wirtsstübchen, das uns aber nicht zusagte; denn die Hauptsache, die Großmutter, fehlte dort. Was wollen die Menschen in einer Wirtsstube, wenn keine Großmutter darin ist? Dagegen die Familie Neugebauer, die ebenfalls in dem unergründlichen Hause wohnte, wurde uns wichtig, wegen ihres jüngsten Buben namens Fritz. Der

Fritz Neugebauer, ein gutmütiger Junge, etwa zwei Jahre älter als ich, schloß sich bereitwillig allen unseren Unternehmungen an und wurde unser täglicher Spielkamerad. Immer waren wir mit dem Fritz Neugebauer zusammen.

Aber der Raum zwischen den Neugebauers und der Straße war beschränkt. Auf dem Kegelplatz der Brauerei drüben hätte sichs bequemer spielen lassen. Darum erbettelte und erhielt ich schließlich von der Mutter die Erlaubnis, mich mit dem Fritz über die Straße ins Reich der Großeltern zu begeben; doch ja nicht mit meinem Brüderchen. Gut. Dort in den trauten weitläufigen Geländen des Gartens, des Kegelplatzes, des Hofes ergingen wir uns nun nach Herzenslust, und zwar immer friedlich; wir hatten einander so gerne daß niemals der mindeste Zank zwischen uns entstand. Eines Tages schlug er mir vor, Krieg zu spielen. Mit Vergnügen einverstanden. Wir sagten also einander Feindschaft an. Nachdem wir uns eine Zeitlang verfolgt hatten, flüchtete er unversehens in ein kleines Häuslein im Hof, riegelte die Tür zu und ließ sich nicht mehr blicken. Umsonst rüttelte ich an der Tür, ich brachte sie nicht auf. Also ein Belagerungskrieg! urteilte ich. Wie aber dem unsichtbaren Feind in seiner Festung beikommen? Nachdem ich lange Zeit ratlos dagestanden, umsonst hoffend, daß er einen Ausfall machen würde, kam mir ein schlauer Gedanke. Oben in der Wand des Häuschens befand sich ein herzförmiges Luftloch. Soll mich wundernehmen, dachte ich, wenn der Feind nicht auf das Brett steigt und zum Luftloch herausguckt, um mich zu verhöhnen. Aber wart! Ich holte eine Bohnenstange und stellte mich mäuschenstille vor dem Luftloche auf die Lauer. Und wie nun der Feind richtig mit spöttischer Miene durchs Luftloch bleckte, stach ich ihn schnell mit der Bohnenstange ins Gesicht, daß das Blut hervorrieselte. Triumph! jauchzte meine Siegesfreude. Ganz stolz war ich über meine Heldentat. Da kamen der Großvater und andere Leute aufgeregt dahergelaufen, die mir eifrig Vorwürfe machten, daß ich den Fritzi Neugebauer ins Gesicht gestochen hätte. Aber ich hatte ja gar nicht den Fritzi Neugebauer gestochen, sondern den Feind, in welchen er sich verwandelt hatte. Ist es denn nicht heldenhaft und rühmlich, den Feind zu verwunden? Der Fritz selber hat das auch ganz gut eingesehen, und einige Tage später, nachdem seine Wunde geheilt war, lebten wir wieder in herzlicher Eintracht miteinander. Aber zum Kriegspiel hat er mich nie wieder aufgefordert.

DER AUSFLUG NACH BERN

Über den Berg

Ende Juni 1848 war das Tagsatzungsmandat meines Vaters abgelaufen. Eine Staatskutsche, mit dem Standesweibel in den Landesfarben auf dem Bock, wurde gestellt, ihn von Bern heimzuholen. Meine Mutter benutzte diese Gelegenheit, ihrem Manne entgegenzureisen, und nahm mich mit.

Meine junge Mutter, vor drei Wochen erst einundzwanzig Jahre alt geworden, noch wenig in der Welt herumgekommen, außer ihrem Pensionsaufenthalt am Genfersee kaum über die Kantonsgrenze hinaus, unternahm die Reise in frischer, freudiger, fast festlicher Stimmung, zumal es galt, ihren seit einem halben Jahr abwesenden Mann wiederzusehen und wiederzuhaben. Mit mir fühlte sie alles und jedes innig überein und ich mit ihr, ohne daß es der Worte bedurfte. Es war wie eine Hochzeitsreise zweier Kinder. Jede Neuigkeit längs des Weges, und wäre es nur eine Baumgruppe oder Matte, wurde von uns beiden als Abenteuer empfunden und mit durstigen Blicken eingesogen.

Das erste gemeinschaftliche Entzücken geschah hinter dem Bubendorfer Bad, an der nämlichen Stelle, die mir im vorigen Jahre auf der Waldenburger Reise so befremdende, rätselhafte Gefühle verursacht hatte. Ich hatte gemeint, ich einzig würde von solchen geheimnisvollen Gefühlen heimgesucht, und ich müßte mich ihrer schämen. Jetzt aber rief zu meinem Erstaunen an dieser selben Stelle meine Mutter freudig aufgeregt mit glänzenden Augen: «Es wird einem hier so sonderbar zumute.» Wie ging nun das zu? Wie konnte sie wissen, was in meinem tiefsten Innern vorging? Und solche verborgene Gefühle sind demnach nichts Lächerliches oder Sträfliches, da meine Mutter sich offen zu ihnen bekannte? Während ich noch an dem Wunder herumstaunte, daß zwei Menschen durch die Haut hindurch, ohne sich zuvor mit Worten zu verständigen, genau das nämliche fühlen können, rollte der Wagen weiter und neue Bilder bannten meinen Blick.

Das Dorf Hölstein weckte unsere Verwunderung

durch die ungewohnte gieblige Bauart, die schwarzbraune Farbe des Gebälkes und vor allem durch die Höhe einzelner Häuser. Dazwischen liefen jedoch lumpig gekleidete Kinder mit nackten Füßen und Beinen herum. Wie eine Sammlung von Armenpalästen erschien uns das Dorf. Vor dem allergrößten himmelhohen Giebelhause, das von braunem Getäfel in kleine Fächer zerschnitten war, hielten wir still; ich weiß nicht wozu, wahrscheinlich führten sich der Kutscher und der Weibel ein Glas Wein zu Gemüte. Den Halt benützte ich dazu, das fabelhafte Haus auswendig zu lernen. Nun hatte ich ja freilich Hölstein schon auf meiner Waldenburger Reise mit dem Salomeli durchfahren, sogar zweimal, nämlich auf der Hinreise und auf der Rückreise. Warum war mir damals das Dorf nicht aufgefallen, sondern erst heute? Teils weil ich jetzt um ein Jährchen älter war, folglich mit aufmerksamerem Geiste beobachtete, hauptsächlich aber deshalb, weil ich diesmal durch die Augen meiner Mutter sah, der keine Neuigkeit entging. Und das tat ich nicht bloß damals, sondern von diesem Tage an betrachtete ich zeitlebens die sichtbare Welt durch die Augen meiner Mutter.

In Waldenburg wird uns ohne Zweifel das Salomeli mit dem Schwesterlein und der Tante Tschopp bewillkommt haben. Doch davon weiß ich nichts mehr. Wohl hingegen von ihrem Abschied draußen vor dem ‹Leuen› unter der Berghöhe. Der verlief in freudig aufgeregter, lauter Geschäftigkeit. Päckchen wurden auf den Kutscherbock geschoben, für die Urgroßmutter und ihren Sohn, den Onkel Dettwyler, bestimmt, und eine Unmenge Grüße an die die beiden aufgetragen. Dabei war von Langenbruck oben auf dem Berge aus allen Mündern so eifrig die Rede, daß meine Verwunderung um diesen Namenslaut phantastische Mutmaßungen wölkte. Und das vermutete Langenbruck räumte nachher dem wirklichen Langenbruck, das mir gar keinen Eindruck hinterließ, nicht den Platz, denn es hatte in der Seele Wurzel gefaßt. Noch in meinem Mannesalter zeigte mir etwa ein Traum den Onkel Dettwyler auf unmöglichen Hügelfeldern in einem märchenhaften Langenbruck hausend. Dieser Traum keimte aus jener Wurzel.

Dann ging es den steilen Stutz hinauf, an Jöris Berggärtlein vorbei, an der Stelle vorüber, wo ich voriges Jahr mit dem Salomeli, vom Münsterli kommend, herabgestiegen war. Doch keine Rückerinnerung streifte mich, ich reiste der Zukunft entgegen. Was im vorigen Jahr geschehen war, galt mir für erledigte uralte Geschichte. Dagegen nur wenige Wagenlängen später, wie wir so hoch oben über dem tiefen saftigen Bachtal im Baumschatten dahinfuhren, überkam uns ein stolzes Glück, das Glück der Hoheit. Mit diesem Worte meine ich nichts anderes als das Bewußtsein des körperlichen Überragens, des Hinunterblickens vom Sims einer erhöhten Stelle. Aber ob auch nur körperlich, das ist viel. Nicht umsonst schaut die menschliche Sprache alle Macht und Herrlichkeit auf erhöhter Stufe. Ein Haufen Arbeiter, welche die Straße verbesserten, wirkte überdies als Ereignis. Die Straße mußte lange Zeit unfahrbar gewesen sein, da mein Vater gar nicht glauben wollte, daß wir sie benutzt hätten; er selber war den alten Weg unten im Bachtale neben der Papiermühle vorbei nach Bern gefahren.

Auf der Paßhöhe des Hauenstein, an dem Punkte, wo die bisher bergansteigende Poststraße plötzlich im Bogen nach dem jenseitigen Dorfe Langenbruck hinabschwenkt, ließ meine Mutter den Wagen leer ins Dorf hinunter vorausfahren, während sie mit mir zu Fuß, den Bogen abschneidend, das alte verlassene Sträßlein einschlug. Sie kannte in Langenbruck Weg und Steg, hatte sie doch als Kind öfters die Ferien bei der Urgroßmutter zugebracht. Ein lieblicher Obstbaumgang umfing uns mit einladendem Düster, und durch die Fenster des Baumganges grüßten freundliche Häuserchen und Blumengärtchen. Von Heimatglück beseelt, nahm sie mich fröhlich an der Hand, und wir tänzelten zusammen lustlachend den ergötzlichen Baumgang hinab.

Der Empfang im Hause der Urgroßmutter ist meinem Gedächtnis abhanden gekommen. Dagegen entsinne ich mich, im Gasthof zum Bären die Wandbilder im Laubengang des ersten Stockes bewundert zu haben. Und durch meine ganze spätere Kindheit hat sich die Erinnerung fortgepflanzt, als wäre ich jenen Tag im Hause der Urgroßmutter auf einem Himmelbett gelegen und meine Mutter, durch den Vorhang blickend, hätte mich die Wonne des Aufwachens in ein liebes Gesicht kosten lassen, wie einst die Tante Gotte in Basel.

BIS LANGENBRUCK WAR Heimatkanton und Freundesland, jenseits ging es für uns beide in neue, fremde Gegend. Um nicht auf Schritt und Tritt darauf zurückkommen zu müssen, will ich es gleich auf einmal vorausmelden, daß der Weg, den wir nun von Langenbruck bis Solothurn fuhren, der nämliche ist, der in meinen «Mädchenfeinden» geschildert wird, mit einziger Ausnahme, daß die Mädchenfeinde, einem späteren Erlebnis zum Angedenken, unterhalb Holderbank über den Bach nach der alten Straße abschwenken, während meine Mutter mit mir im Wagen natürlich auf der Poststraße blieb. Die Ortsnamen habe ich in meiner Erzählung verändert, Langenbruck in ‹Sentisbrugg›, Balsthal in ‹Schönthal›, die Dürrenmühle in ‹Friedlismühle›, das Städtlein Wiedlisbach in ‹Weidenbach›, Solothurn in ‹Bischofshardt›.

In Balsthal besuchten wir flüchtig einen Freund meines Vaters, den nachmaligen Regierungsrat Schenker, der linker Hand im letzten Hause Balsthals wohnte. Dann ging es durch die Klus, jene Felsschlucht, die in meinen Schriften so oft wiederkehrt, nicht einzig in den «Mädchenfeinden». Eine geplante, ausgedachte, doch nicht niedergeschriebene Nummer meiner «Extramundana» wollte sogar die Klus zum Hauptthema nehmen. Diese ewige Wiederkehr der Klus spricht für sich genug und enthebt mich der schwierigen, ja unmöglichen Aufgabe, zu schildern, was ich alles empfand, als ich zum ersten Male durch die Klus fuhr. Ich füge bloß bei, daß ich beim Vorüberfahren die ganze Herrlichkeit, nicht allein etwa die Burgruine, sondern auch die Häuser mit dem Blick auswendig lernte. Endlich, um Enttäuschungen vorzubeugen, muß ich noch berichten, daß damals die Klus ganz anders aussah als heute. Damals war sie ein abenteuerlicher Engpaß, heute ist sie eine häßliche weite, staubige Fabrikwüste.

Jenseits der Klus ging es durch einen schmalen Streifen des Kantons Bern, der hier den Kanton Solothurn kreuzt: bei Niederbipp und der Dürrenmühle vorbei, so genannt, weil die Mühle durch mehrere Menschenalter einer Familie namens Dürr gehörte. Das Wort ‹Kanton Bern› wirkte spannend aufregend. Es wurde einem zumute, als ob man einen unbekannten Weltteil entdeckte. Da erschien alles merkwürdig, vor allem die Strohdächer der Häuser; jede Biegung des Weges, jeden Sandhaufen merkte ich mir so scharf, daß ich nachher auf der Heimfahrt immer voraussagen konnte, was jetzt kommen werde, viel besser als mein Vater, der doch schon mehrere Male den Weg gemacht hatte, worauf ich ein wenig stolz war.

Gleich hinter der Dürrenmühle aber erlebte ich Phantasiespiele. Rechts von der Poststraße steigen Wälder von einem Berg (dem Jura) herunter. Die Wälder haben einen Saum. Längs diesem Saum geschahen mir Visionen, es werden wohl Grenadierregimenter der napoleonischen Alten Garde gewesen sein, ich weiß das nicht mehr so genau. Aber Visionen waren es, und diese blieben mitsamt ihrer Szenerie im Herzen haften, die Erinnerung spielte mit ihnen, wandelte sie um, aus dem

Waldsaum wurden Täler, aus den Grenadierregimentern ‹Hindinnen der Nacht›. Die geheimnisvollen Täler des «Olympischen Frühlings» auf der Reise zu Uranos, die Talvisionen in «Imago» sind die Nachkommen der Visionen, die dem Dreijährigen auf seiner ersten Berner Reise in der Gegend der Dürrenmühle geschahen.

In der Nähe von Solothurn, auf der sanften Höhe, die, glaube ich, Feldbrunnen heißt, sammelten sich eine Menge von staunenswerten Neuigkeiten und noch erstaunlicheren Ahnungen, vor allem die Ahnung der Stadt in der Tiefe, zu überwältigendem Eindruck. Wir konntens fast nicht ertragen, so groß war unsere Freude. Reden wie Schweigen war von Glückseufzern begleitet. Der Wagen schwenkte hier in Feldbrunnen, ich weiß nicht warum, in einen weiten geräumigen Platz vor einem Hause: war es eine Poststation? oder ein Wirtshaus? Allerlei Geräte lagen, mehrere Bäume standen, verschiedene Tiere liefen auf dem Platz herum. Daß das einfache Abschwenken von der Straße von uns beiden als ein Ereignis, der Anblick eines geräumigen bäurischen Hofes mit dem dazu gehörigen Gewusel als ein bedeutsames, herzerfreuendes Bild genossen wurde, bezeugt die Stimmungshöhe und Kindlichkeit unseres seelischen Zustandes.

Dann ging es hinunter nach der Stadt an immer andern Kapellen, Landhäusern und Gärten vorüber, in jubelndem Staunen der Bewunderung.

Solothurn, die goldene Märchenstadt

IN SOLOTHURN FÜHRTE mich meine Mutter an der Hand ein enges Gäßchen hinauf (gegen das Bieler Tor), um eine Freundin von ihr, Witwe Zschokke, geborene Vögtlin, zu besuchen. Diese wohnte im ersten Stock, in einer merkwürdigen Wohnung. Als wir nämlich eine Zeitlang in einem düsteren Zimmer gesessen hatten, das in das Gäßlein schaute, öffnete sie eine Hintertür. Statt daß aber jetzt ein noch dunkleres Gemach durch die Hintertür zu sehen gewesen wäre, wie ich erwartete, schien der helle Tag durch die offene Tür. Es war ein Haus mit zwei Stirnseiten. So etwas hatte ich noch nie gesehen.

Nachher gingen, liefen, tänzelten wir eine andere Gasse schräg abwärts, wo Gemüseweiber uns freundlich zunickten und ansprachen. Gerne wäre ich bei ihnen verweilt, allein Mama sagte, es sei Zeit abzureisen, es wäre noch ein weiter Weg bis Bern. Auf einem prächtigen Platz ging sie in einen Laden, um etwas einzukaufen. Oh, waren schöne Dinge in dem Laden! Kisten unter anderm, worauf man sich setzen konnte. Dort wollte ich mich häuslich niederlassen. Aber wieder lautete die Mahnung: «Der Kutscher wartet, es ist noch eine lange Reise bis Bern.» Und so fuhren wir weiter.

Das ist alles, was ich von unserm Aufenthalt in Solothurn noch weiß, und das ist nicht viel. Aber nun der Gesamteindruck, den ich von Solothurn davontrug, und zwar zeitlebens bis auf den heutigen Tag: eine Märchenstadt mit goldenen Dächern. Ich bin seither noch oft in Solothurn gewesen und habe jedesmal festgestellt, daß in Solothurn die Dächer aus Ziegeln bestehen und nicht aus Gold. Allein das hilft mir wenig; immer wieder werden die Dächer golden, immer von neuem muß mein Verstand mühsam das Gold abschaben, damit ich Solothurn in Gedanken so sehe, wie es wirklich ist, und nicht so, wie es im Herzen des Kindes nachleuchtete. Ja, im Herzen. Denn nicht bloß zur goldenen Märchenstadt wurde mir Solothurn, sondern auch zur Sehnsuchtsstadt. Wie oft ist mir Solothurn nachher in seligen Träumen erschienen! Als jungem Mann in Rußland träumte mir nie von meiner Heimat Liestal, oft dagegen von Solothurn. Und immer war es der nämliche Traum: ich ging mit meiner Mutter an einer gewaltigen Schanze vorbei in eine ungeheuer große prächtige Kirche, und Seligkeit erfüllte uns beide. Wo das Gold und die Sehnsucht eigentlich herkommt, weiß ich nicht; Tatsache ist meine rätselhafte, durch keinen vernünftigen Grund zu erklärende Vorliebe für Solothurn, die so weit geht, daß mich sogar die Solothurner Sprache heimatlicher anmutet als jeder andere Schweizerdialekt, heimatlicher sogar als die Sprache meines wirklichen Heimatortes. Und alles das einzig deshalb, weil ich einst als kleines dreijähriges Kind mit meiner Mutter auf der Durchfahrt anderthalb Stunden in Solothurn geweilt hatte.

JÄHLINGS, WIE DURCH einen Zauberschlag, war Solothurn, sobald man aus der letzten Gasse hervorkam (beim jetzigen Bahnhof Neu-Solothurn), verschwunden. Nur noch ein einziges herrschaftliches Haus, von einer Mauer herunter zum Abschied grüßend, dann sah man sich plötzlich in der Einsamkeit, von bäurischem Gelände umgeben, wo kein Blick, keine Ahnung mehr die Nähe einer Stadt verriet, wo man sich stundenweit von Solothurn entfernt hätte glauben können. Matten, Kartoffeläcker und Saatfelder («Hafer», belehrte mich meine Mutter), dahinter Wald und mitten drin, nach einiger Zeit, ein einziges Bauernhaus.

Die Poststraße, sanft ansteigend, macht dort zuerst eine scharfe Biegung nach rechts, dann, nahe dem Bauernhaus, eine zweite, kleinere, nach links, aufwärts, dem Walde zu. Bei der ersten dieser Biegungen rief meine Mutter aufgeregt mit feuchtglänzenden Augen: «Sieh, was für ein merkwürdiger Anblick! Man spürt dabei etwas so Eigentümliches inwendig.» Was war da zu sehen? Nichts als die von leichtem Wind sanft bewegten Halme des Haferfeldes und darüber Luft und Licht und Duft und Wolken. Aber Luft und Wolken schwebten über einer unsichtbaren Ebene und hatten deshalb ein anderes Gepräge und eine andere Färbung, und das Licht kam von Süden her, von Biel und Neuenburg, wo ein von der deutschen Schweiz verschiedenes Klima, mit stärkerer Besonnung und saftigeren, glühenderen Farben beginnt, wo die Seen liegen, die Reben reifen und die Zypressen gedeihen. Ich nenne das den Savoyer oder Burgunder Süden und ziehe ihn dem italienischen vor. Diesen Savoyer Süden muß man gesehen, nein, nicht bloß gesehen, man muß ihn durch jahrelangen Aufenthalt erlebt haben, um Rousseaus Naturreligion von innen heraus verstehen, das heißt nachfühlen zu können. Wäre Rousseau in der deutschen Schweiz aufgewachsen, in den nördlichen Alpen mit ihren feuchten, neblichten Weiden, so hätte er wohl nicht so schwärmerisch zu seiner Göttin Natur gebetet. Von diesem Savoyer Süden nun gelangt ein letztes Licht und letzter Odem drch die Ebene von Biel-Grenchen und durch das Tal der Aare bis vor Solothurn. Und diesen Gruß des Südens vermochte das Auge meiner Mutter zu vernehmen und ihre Seele zu spüren.

Auf der Heimfahrt rief nachher an der nämlichen Stelle Papa bewundernd: «Dort ist der Weißenstein!» Richtig, ja, da stand er, riesengroß bis zum Himmel ragend. Den hatten wir beide gar nicht bemerkt.

Im tiefen Wald

DANN KAMEN WIR in einen großmächtigen Wald, wie er im Märchen steht und wie ich noch keinen gesehen hatte. Prächtig war es, hinter dem Waldsaum unter dem Laubdach der riesigen Bäume dahinzufahren, und unendlich währte die wonnig düstere Reise. Öfters begegneten wir andern schönen Wagen, aus deren Innern fremde Menschen uns freundliche Grüße zuwinkten: Diplomaten und schweizerische Staatsmänner, welche von Bern heimkehrten, an der schwarzweißen Tracht des Weibels auf dem Kutscherbock den Amtswagen erkannten und uns als Kameraden begrüßten. Möchte doch diese vergnügliche Waldfahrt ewig währen!

Da hielt unser Wagen an, der Kutscher und der Weibel begannen auf meine Mutter einzureden; das Ende der Verhandlung war, daß wir zu meinem Leidwesen von der belebten, abwechslungsreichen Straße rechts abschwenkten, in den Wald hinein, auf einem schmalen, holperigen Seitenwege, wo kaum durchzukommen war und wo einem die Zweige ins Gesicht schlugen. Vermutlich wollte der Kutscher dem lebhaften Verkehr auf der Poststraße ausweichen.

Und immer tiefer gerieten wir in das Dickicht, immer schmaler und unwegsamer wurde der Pfad, immer einsamer und stiller der Wald, so daß einem allmählich ein wenig unheimlich zumute wurde. Ob er sich nicht vielleicht verirrt hätte, fragte Mama den Kutscher. Der gab unaufhörlich die Versicherung, er kenne den Weg genau, wir sollten nur nicht bange sein, wir wären bald aus dem Holz heraus. Er kannte den Weg so genau, daß wir unversehens in eine lichte weite Mulde gerieten, wo der Weg ein Ende hatte. Dort stiegen wir aus, der Kutscher mit dem Wagen suchte die eine Seite nach einem Ausweg ab, der Weibel zu Fuß ging nach einer andern Richtung auf die Entdeckungsreise, während Mama mit mir in der Mulde umherspazierte. Es war vergnüglich dort, kein Gebüsch hemmte das Umherwandeln zwischen den hohen Bäumen, Holzstöße, an den Stämmen aufgeschichtet, dienten für Abwechslung. Im Augenblick wurde ich heimisch; meinetwegen hätte man noch lange hierbleiben können. Da rief der Kutscher aus der Ferne, er hätte einen Weg gefunden. Das erwies sich als richtig, wir stiegen also wieder ein, und nun ging es auf einem einladenden, schönen Sträßlein im Walde steil bergauf, der Höhe entgegen, wo über den Saum des Weges der Himmel zu uns hereinleuchtete. Oben angelangt, sprangen plötzlich die Bäume links und rechts auf die Seite, und wir befanden uns auf einem freien Berge neben einem Dorfe und einem Schlosse und schauten über den mit Äckern und Feldern besetzten Hang hinunter in ein weites, offenes, ebenes Gelände. Das Dorf heiße Lohn, wurden wir belehrt, und der Wald, in welchem wir uns verirrt hatten, der Lohner Wald.

Wie wir dann den Berghang hinunterrollten, zwischen Matten und Feldern, im Abendsonnenschein, der tiefen Ebene zu, jubelten unsere Augen vor Entzücken. Etwas Schöneres, schien uns, könnte es auf der ganzen Welt nicht geben. Ich zweifle an der Möglichkeit, daß ein Hochzeitspaar, das über die Alpen nach Italien hinunterfährt, ein seligeres Reiseglück genieße als meine Mutter und ich, als wir von Lohn in die Ebene hinunterfuhren.

Von Lohn bis Bern ist noch eine ansehnliche Strecke, vier bis fünf Stunden zu Fuß, wenn ich nicht irre; die Gegend ist zwar üppig bebaut, aber einförmig, Langeweile meldete sich, mit ihr die Müdigkeit und schließlich ein fester, tiefer Schlaf, der mich bis Bern nicht mehr verließ. In der Nähe der Stadt Bern, auf der Höhe, wo es vom Beundenfeld nach dem Aargauerstalden hinuntergeht, hielt der Wagen einen Augenblick an, ich schreckte aus dem Schlafe auf, sah in finstere Nacht hinaus, erblickte über dem Wagen riesige, gespenstische Bäume, merkte, daß zwei Männer zu uns in den Wagen stiegen, erkannte die Stimme meines Vaters, dann schlief ich sofort weiter.

Unten bei der Nydeckbrücke, da, wo gegenwärtig der Bärengraben ist, weckte mich Lärm und Getümmel halb aus dem Schlaf. «Ein Kadettenfest», erklärte mir später meine Mutter. Jemand trug mich auf dem Arm durch eine Menge Volk, das ich in der Nacht und im Halbschlaf kaum gewahrte. Ha, wenn ich gewußt hätte, wer mich auf dem Arm trug! Oberst Frey-Hérosé, weiland Generalstabschef der schweizerischen Armee im Sonderbundskrieg! Das ging noch weit über den Oberst Sulzberger!

Wie ich in finsterer Nacht völlig aufwachte, lag ich irgendwo in einem fremden Bett, ich meinte, in Solothurn. Aber unaufhörlich zuckten Blitze durchs Zimmer, so daß ich ängstlich nach meiner Mutter rief, sie möge die Blitze verscheuchen. Die Blitze sah ich im Fieberwahn, die Aufregungen des allzu inhaltreichen Reisetages hatten meine Nerven überreizt.

Der Elefant,
oder Sinn und Bedeutung der Stadt Bern

AM NÄCHSTEN MORGEN befand ich mich zu meiner Verwunderung nicht in Solothurn, sondern in Bern, und zwar beim Käfigturm, fast im Käfigturm selber, denn eine Tür führte aus dem Hausgang unmittelbar ins Gefängnis. Das war die Junggesellenwohnung meines Vaters, wenn er in Bern weilte. Frau Lutz hieß die Eigentümerin. Bei ihr und ihrer Tochter Söpheli Lutz waren wir also heute zu Gast. Das Söpheli Lutz war ein munteres, gesprächiges Jüngferlein, die mich vortrefflich zu unterhalten wußte. Vor allem mochte ich zum Fenster hinausgucken. Ein rotes Polster lag auf dem Fenstersims, bequem sich darauf zu setzen; überdies schützte ein eisernes Geländer vor dem Hinausfallen. Allein das Söpheli Lutz warnte mich vor dem Anlehnen. Eben in den letzten Tagen wieder, erzählte sie, wäre in Bern ein Kind auf die Straße zu Tode gestürzt, weil es sich an das Geländer anlehnte und das Geländer nachgab.

Dann schilderten wir meinem Vater begeistert unsere Reise. Er kannte Lohn und den Lohner Wald nicht einmal dem Namen nach. Ist es möglich, daß jemand den Lohner Wald mit seinen Herrlichkeiten nicht kennt? Diese Kenntnis hatte ich vor ihm voraus.

Im Laufe des Tages wurde ich mit dem Dienstmädchen spazieren geschickt. Einmal in Bern, mußte ich doch, nicht wahr, auch etwas von Bern sehen? Das Dienstmädchen nahm mich also auf den Arm und trug mich durch die Lauben, und zwar auf der linken Seite der Marktgasse, wenn man stadtabwärts sieht. Allein nichts wollte mir gefallen, ich fühlte mich müde, zerschlagen, verstimmt und verdrossen. Ich begriff den Sinn und die Bedeutung dieser farblosen, steinigen Stadt nicht. Nichts als graue Häuser, Platten und Pflaster. Wozu das alles? Da schwenkte das Dienstmädchen mit mir auf die andere Seite der Gasse, guckte bald in diesen, bald in jenen Hausgang hinein, als ob sie etwas suchte. Endlich trug sie mich in einen Hausgang, der genau so aussah wie seine Nachbarn. Aber was erblicke ich in dem Hausgang? O Wunder, o Begeisterung! einen riesigen schwarzen Elefanten an die Wand gemalt! Jetzt begriff ich den Sinn und die Bedeutung der Stadt Bern: die ganze Stadt war nur der Deckel und Umschlag zu diesem köstlichen Schatze. Ha, jetzt war meine Verdrossenheit augenblicklich vorbei und meine Mattigkeit genesen! Unaufhörlich mochte ich den Elefanten bewundern. Eine Frau kam die Treppe herunter. O weh! dachte ich; die wird dich fortjagen. Doch nein, sie lächelte mir zu und lud mich ein, mit ihr in ihre Wohnung hinaufzusteigen. Warum nicht gar! Von dem Elefanten bringt mich niemand weg, wenn ich nicht muß. Glücklicherweise nötigte sie mich nicht.

Schließlich, nach langer, langer Zeit, mußte ich doch von dem Elefanten fort, heim, nach dem Käfigturm. Auf dem Heimwege beschäftigte mich eine Unerklärlichkeit: Entweder wollen die Leute, die in Bern Meister sind, daß man ihren Elefanten sehe, oder sie wollen, daß man ihn nicht sehe. Wenn sie es wollen, warum machen sie dann nicht auf ihn aufmerksam, durch eine Krone oder eine Fahne oder sonst ein Zeichen, damit jedermann den richtigen Hausgang findet? Wenn sie es aber nicht wollen, warum lassen sie den Hausgang offen? Wie leicht könnte ein Vorübergehender den Elefanten erblicken, und dann wäre es mit dem Geheimnis vorbei, und die ganze Stadt würde sich in dem Hausgang versammeln, um den Elefanten zu genießen. Ich hatte nämlich gar wohl, während ich den Elefanten bewunderte, eine Menge Menschen draußen vorübergehen sehen; wenn ich sie sah, so konnten sie mich auch sehen und ebensogut den Elefanten. Der reine Zufall, daß sie so eilig vorüberrannten und ihn nicht bemerkten. Aber auf die Länge konnte doch unter Tausenden einer das Geheimnis entdecken.

Mehr als den Elefanten sah ich von Bern nicht und begehrte auch nicht mehr davon zu sehen. Die Hauptsache macht die Nebensachen überflüssig, oder nicht? Und nach meiner Rückkehr nach Liestal, wenn mich jemand fragte: «Was hast du in Bern gesehen? jedenfalls die Bären?», verbesserte ich überlegen, glückstrahlend: «Nicht Bären: ein Elefant!» Dumme Menschen, die nicht einmal Elefanten und Bären voneinander unterscheiden können!

Den Elefanten habe ich übrigens nicht etwa erträumt oder erdichtet. Es gab wirklich einen solchen in einem Hausgang, nämlich dort, wo der Oberst Gerwer wohnte, rechts unten in der Marktgasse oder Kramgasse, neben einem Gasthof oder Zunfthause. Mit diesem Oberst Gerwer nun war mein Vater befreundet. Er oder das Söpheli Lutz wird also wohl dem Dienstmädchen einen Wink gegeben haben, mir den Elefanten zu zeigen. Die Frau aber, welche die Treppe herunterkam, war die Frau Oberst Gerwer. Darum lud sie mich ein, nachdem sie vom Dienstmädchen erfahren hatte, wer ich sei, mit ihr ins Zimmer hinaufzukommen.

Die Heimfahrt

AM ANDERN MORGEN fuhren wir heim. Diesmal gab Papa den Ton an. Nichts mehr von Märchenluft, seelischen Abenteuern, Landschaftsüberraschungen, Visionen, Licht- und Luftwundern; wir reisten jetzt durch die sachliche Wirklichkeit. Und in der Wirklichkeit kannte sich mein Vater aus. Berge, Flüsse und Dörfer meldete er mit erhobener, lauter Stimme an. Alles, was kräftig, tüchtig, gesund war, was Ansehen genoß, Macht oder Reichtum bekundete, nannte er im Tone der Hochachtung. Überall kannte er die hervorragenden Einwohner wenigstens dem Namen nach, manche davon, hauptsächlich die Staatsmänner, die Postmeister und Gastwirte, persönlich, und wußte von ihrer Vergangenheit und Herkunft zu erzählen. Wo immer der Wagen anhielt, kam der Postmeister oder Gastwirt eilends zum Vorschein, um ihn zu bewillkommnen. Der Willkomm wurde mit schallender Herzlichkeit erwidert, mit Erkundigungen nach der Familie und den Kindern begleitet. Dem Kutscher, dem Weibel, den bedienenden Postknechten spendete er Wein, den Pferden Zucker, am liebsten eigenhändig, wobei er nie unterließ, einen darüber zu belehren, daß man einem Pferde das Naschwerk mit flacher Hand und abgewendetem Daumen hinhalten müsse. Während der Fahrt grüßte er jeden vorüberziehenden Menschen zuvorkommend, rief den Bauern auf dem Felde ein Sprüchlein über das Wetter oder eine Frage nach dem Stande der Früchte zu, kurz, wir reisten wie durch Freundesland.

Dem sah und hörte ich verwundert zu, doch nur beiläufig und zerstreut. Meine eigene Aufmerksamkeit war darauf gerichtet, die Dinge längs des Weges, die ich vorgestern geschaut, heute von der Rückseite zu erblikken, erwartungsvoll gespannt, ob ich sie wiedererkennen würde. Die Strecke von Bern bis Solothurn war mir neu, da ich sie auf der Hinreise im Schlafe durchfahren hatte: Schönbühl, Utzenstorf, Jegenstorf, Fraubrunnen. In Fraubrunnen ging es einen steilen Abhang zum Posthaus hinunter; ich fand den Post- und Amtsplatz, oder wie er heißt, auffallend stattlich, empfand ihn als einen Trost gegenüber der bisherigen Gegend. Mein liebes Lohn ließen wir heute beiseite, indem wir auf der gewöhnlichen Poststraße weiter rechts im Wald, zunächst dem Waldsaum, Biberist gegenüber, nach Solothurn fuhren. Die Nähe von Biberist war eine geographische Tatsache; mein Vater verfehlte nicht, sie mit lauter Stimme anzukündigen. Solothurn durchfuhren wir durch eine andere Gasse als früher, was ich als ein wichtiges Ereignis erstaunt und aufgeregt wahrnahm, die neue Gasse, wo fast nur fensterlose Mauern und

Kapellen zu sehen waren, wie ein Märchen empfindend und gierig ins Herz schöpfend. In Feldbrunnen schwenkte der Wagen in den nämlichen Hof wie neulich. Allein der Zauber des Bildes war verflogen; statt dessen trat ein gewöhnlicher Mann aus dem Hause, um meinen Vater zu begrüßen. In der Dürrenmühle stiegen wir aus und begaben uns eine Treppe hinauf in ein abenteuerliches Läubchen auf der Rückseite des Hauses. Das Läubchen war dermaßen mit Blumenstöcken und Blumentöpfen vollgestopft, daß man kaum durchgehen konnte. Wozu stiegen wir dort aus? weshalb begaben wir uns in solch ein Läubchen? Gibt es überhaupt in Wirklichkeit Läubchen, die nur dazu dienen, mit Blumentöpfen vollgestopft zu werden? Ich glaubte lange Zeit, dieses Läubchen hätte mir ein Traum vorgespiegelt, bis ich es einmal, mehr als dreißig Jahre später, genau so wie einst, mit Blumentöpfen vollgestopft, leibhaftig in der Dürrenmühle wieder entdeckte.

Von der Begrüßung der Verwandten in Langenbruck wiederum keine Erinnerungsspur. Dagegen in nächster Nähe von Waldenburg, oben, neben Jöris Gärtchen, erlebte ich den köstlichsten Genuß der Heimreise: Als der Wagen sich anschickte, die große Straßenschleife bergab in die Tiefe zu fahren, ließ Papa halten, stieg aus und hob mich aus dem Wagen. Ich wäre ja jetzt ein großer Bub, erklärte er, ich könnte gar wohl mit ihm zu Fuß den alten Steinweg zur Sägemühle hinab, um abzuschneiden und den Pferden die Talfahrt zu erleichtern. Der Stutz war außerordentlich jäh, so daß Mama ernste Besorgnisse äußerte, ob meine Kräfte ausreichten. Mir aber jubelte das Herz vor Vergnügen; an der Seite meines Vaters fürchtete ich überhaupt nichts. Also nahm er mich bei der Hand und führte mich den Stutz hinab. Das Unternehmen gelang über alles Erwarten, und ich durfte das stolze Gefühl kosten, Mut bewiesen und Kraft betätigt zu haben.

In Waldenburg wurde längere Rast gehalten. Meine Eltern kehrten im ‹Leuen› ein, wahrscheinlich zum Abendessen; mich holte das Salomeli zu sich heim. Als wir von Waldenburg fortfuhren, war es finstere Nacht. Über das Weitere weiß mein Gedächtnis nichts zu berichten. Jedenfalls werde ich bis Liestal geschlafen haben.

Die nächsten Tage ließ ich mich als das Kind anstaunen, das in Bern gewesen war, wobei ich nie verfehlte, von dem wunderbaren Elefanten zu erzählen. Nachher fing wieder das gewöhnliche Leben an. Aber der Gewinn der Reise blieb bestehen: der innige Anschluß an meine Mutter, mit welcher ich fortan, und zwar ich einzig und allein, die Erinnerung an eine hohe Zeit gemein hatte.

DER VATER DAHEIM

Der lustige Papa

Nachdem wir unsern Vater in Bern abgeholt, nach Beendigung seiner politischen Tätigkeit, wußten wir nichts anderes, als daß er nun wieder in kantonalem Dienst amten, folglich immer in Liestal bleiben werde, und da er sein Bureau im Hause hatte, war er Tag für Tag vom Morgen bis Abend bei uns daheim. Auch er war, trotz der kärglichen Besoldung, mit seiner Liestaler Stellung zufrieden. Ein eigenes

Häuslein, ein Stücklein Land daneben, wo er im Frühjahr seiner Gartenliebhaberei wird frönen können, und vor allem Frau und Kinder, mehr bedurfte es nicht. Er betrachtete das Familienleben als ein ‹Idyll›, freilich als ein patriarchalisches, unter Voraussetzung seiner unumschränkten Herrschaft (unbedingter, widerspruchsloser Gehorsam selbstverständlich), war ein musterhafter, zärtlicher Ehemann und ein treuer Vater, der an seinen ‹unverdorbenen, urwüchsigen Buben› Freude hatte. Von Erziehung hielt er gar nichts; er verließ sich vertrauensvoll auf die überlegene Einsicht der ‹Natur›, die es viel besser weiß als die Menschen. Nur müsse man, meinte er, dann und wann der Natur, wenn sie eine falsche Richtung einschlage, einen sanften Schupf geben, wie einem Pferde einen zarten Wink mit dem Zügel.

Die ‹Natur› will, daß Kinder fröhlich sind. Folglich bediente er uns mit Lustigkeit. Lustigkeit verlangte übrigens auch seine eigene Natur, die Natur des Gewaltmenschen, für den Gegensatz. Wenn er bei guter Laune war, und er war dazumal meist guter Laune, steckte er voller spaßhafter Einfälle, je harmloser, je kindlicher, desto lieber. Von seinen vielen lustigen Stücklein sind mir einige, wohl die hauptsächlichsten, im Gedächtnis geblieben: Er hieß mich eine der beiden Türen im Eßzimmer sperrweit aufmachen, mein Brüderchen Adolf die andere Tür, dann lehrte er uns beide zugleich mit zorniger Stimme in französischer Sprache den Befehl herrschen: «Tür zu oder Kopf ab!» Nachdem wir das kommandiert hatten, durften wir die Türe zuschmettern, so stark wir nur konnten; je ärger es knallte, desto vergnügter lachte er und desto größeres Lob spendete er uns. Weiß der Himmel, wo er das ultrajakobinische Sprüchlein ‹Tür zu oder Kopf ab› her hatte, wahrscheinlich von seiner Studentenzeit in Straßburg. Bei Tisch forderte er uns auf, den Teller umzukehren und mit Löffel und Gabel darauf zu trommeln, und er selber trommelte mit. Beim Suppenessen wies er uns an, den Löffel auf eine solche Weise durch den Mund zu ziehen, daß ein Rest Suppe an die Wand spritzte – ich habe gesagt, von Erziehung hielt er gar nichts. Allein gegen diesen letztern Unterricht erhob denn doch meine Mutter heftig Einspruch; das mußte er unterbleiben lassen. Oder er streckte den Zeigefinger gegen uns und nannte uns ‹Spitzbub› (Schalk), und wir durften zur Erwiderung unsere Zeigefinger gegen ihn ausstrecken und ihn ‹Spitzbub› nennen. Und ähnliche kindliche Späßlein mehr. Die Hauptsache war ihm immer, daß er uns jauchzen und jubeln hörte: dann war er seelenvergnügt und stimmte mit herzlich schallendem Lachen in unsere Fröhlichkeit ein.

Später, als er für das künftige Gärtlein Bohnenstangen angeschafft hatte, wiederholte er das alte Kunststück, uns mit den Stangen durch die Luft auf das Läubchen zu ziehen; in unserem Hause war nämlich auch ein Läubchen. Der Luftweg kam uns schon so gewohnt und natürlich vor, daß wir gar kein Wesens mehr davon machten. Kaum daß wir Papa auf dem Läubchen sahen, begehrten wir die Auffahrt, je öfter, desto lieber. Der Sohn der Tante Gotte dagegen, der zu uns auf Besuch kam, weigerte sich, die Luftreise mitzumachen; er war dieses Verkehrsmittel nicht gewohnt. Das gab einen Hohn!

Welträtsel

IN SCHWARZER NACHT weckten mich grausige Töne: ein schauriges Gemisch von Schnauben, Röcheln und Stöhnen, als ob ein Ungeheuer in die Schlafstube eingebrochen wäre. Auf meinen angstvollen Klageruf hörte der Greuel plötzlich auf, statt dessen erscholl aus der nämlichen Zimmerecke die gütige Stimme meines Vaters: ich solle nur ruhig weiterschlafen, tröstete er, er werde fortan nicht mehr schnarchen. Also ‹schnarchen› nennt man scheints diese fürchterlichen Töne, und Papa war es gewesen, der ‹schnarchte›. Beruhigt wollte ich weiterschlafen; da fing es von neuem an, noch gräßlicher als früher. Und obschon ich jetzt wußte, daß es kein Ungeheuer war, sondern Papa, mußte ich mich doch wieder fürchten, es klang zu zornig. Wozu ‹schnarchte› denn eigentlich Papa? Rätsel!

So ging es die ganze Nacht weiter, abwechselnd zwischen ‹Schnarchen›, Hilferuf und Trostrede.

Am Morgen beim Kaffeetrinken starrte ich meinem Vater scheu und mißtrauisch ins Gesicht, besorgend, er werde plötzlich wieder zu ‹schnarchen› anfangen. Doch nein, nicht im mindesten. Freundlich, gütig, lachend wie sonst. Da kitzelte die Gescheitheit meine Nase. «Er ‹schnarcht› nicht am Tage. Am Tage ist er sanft, bloß in der Nacht wird er zornig.» Aber warum wird er denn in der Nacht zornig? Rätsel!

Nach beendigtem Frühstück rief mich Agathe ins Schlafstübchen zurück. «Sieh einmal, was ich in deines Vaters Bett gefunden habe.» O freudige Überraschung! Ein großes schwarzes Panzertier mit einem Rüssel und unsinnig langen Beinen. «Ein Käfer», erläuterte Agathe. Hierauf verwünschte sie den Käfer, schüttelte ihn auf den Boden und trat ihn tot. Schade um ihn! Und unbegreiflich von ihr! Kann es denn etwas Willkommeneres geben als wenn die Tiere, statt daß man sie an Großvaters Hügel suchen muß, einem von selber freiwillig ins Haus kommen? Käfer in den Betten, Schnecken auf dem Sofa, Molche im Waschbecken, wäre das nicht ein Festvergnügen? Aber eine schwierige Frage beschäftigte meine Gedanken: Wieso geschieht es, daß, weil Papa in der Nacht ‹geschnarcht› hat, nachher am Morgen ein Käfer in seinem Bett liegt? Rätsel!

Das nächste Mal, daß Papa wieder ‹schnarchte›, suchte ich am Morgen in freudiger Erwartung nach dem Käfer. Aber, o Enttäuschung! keiner da! Und auch in der Folge nie einer mehr. Warum war bloß das erstemal ein Käfer gekommen? Rätsel!

Eines Morgens, als wir aufstanden, war die Straße wie ein See, und alles, was in Großvaters Matte wuchs, lag wie gestampft auf dem Boden! Einzig ein Kornfeld stand aufrecht, aber schief; und durch das Kornfeld liefen weite Gassen. Meine Eltern standen am Fenster und redeten von Schaden und Verwüstung, von Donner und Blitz. Ich aber merkte, wer das getan hatte: der

Kuckuck; der war in der Nacht heimlich aus dem Walde durch die Matte geflogen. So braucht doch den Verstand: man sieht ja noch die Gassen, durch die er gekommen ist. Wie aber brachte es der Kuckuck zustande, mit seinen kleinen Flügeln solch einen elefantenmäßigen Unfug zu stiften? Rätsel!

Verwaist!

ES MUSS IM Juli oder August gewesen sein, denn wir wurden am heitern Abend bei gesundem Leib zu Bett getan. Zufolge der Helligkeit behielt ich die Augen offen und guckte von ungefähr aus dem Kissen durchs Fenster. Wehe! was erblicke ich! Meine beiden Eltern, welche, den Hut auf dem Kopf, heimlich und leise, damit wirs nicht merken sollten, aus dem Haus auf die Straße schlichen. «Sie werden doch nicht im Ernst!» beschwichtigte ich meine Angst. Doch wahrhaftig, sie verzogen sich in die Ferne, zuerst über die Straße, hernach durch das Tor nach dem Kegelplatz der Brauerei, hinter dem Tor verschwanden sie eine Weile, dann tauchten sie drüben am Rain wieder auf und stiegen langsam, langsam durchs Gras, wobei sie sich unheimlich verminderten. Immer kleiner, immer kleiner wurden sie, erbärmlich anzusehen. Ganz traurig wurde ich von dem Anblick. Endlich standen sie, als Zwerge, oben am Rand des Hügels. Scharf hoben sie sich vom Himmel ab.

Jetzt, tröstete ich mich, müssen die Zwerge umkehren. Denn weiter hinauf, in den Himmel, können sie ja nicht. Statt dessen begab sich etwas Jammervolles, Herzzerschneidendes: ihre Füße begannen in den Boden zu versinken, hierauf ihre Knie. Stück für Stück verschluckte sie die Erde, bis nur noch die Köpfe übrig blieben. Da richtete ich mich im Kissen auf und starrte zwischen Hoffnung und Verzweiflung nach den beiden geliebten Köpfen. Als aber auch diese von der Erde verschlungen waren, fiel ich in namenlosem Schmerz ins Kissen zurück. Verlassen! Ich hatte fortan keine Eltern mehr! Weder Vater noch Mutter!

Da sprach der Schlaf: «Was geht mich das an? Komm, du bist müde!» Und wie ich am Morgen aufwachte, o Freude, da waren die Eltern beide wieder vorhanden, sogar wieder in ihrer früheren Größe.

Das erste Bad

ER SEHE NICHT ein, behauptete mein Vater, was es gesunden Buben schaden könnte, im Bache zu baden, bei dieser Hitze. Und da er sich anheischig machte, selber die Leitung des Bades zu übernehmen, überdies noch den Ünggeli bestellte, damit dieser mit uns in den Bach steige und im Wasser selbst über uns wache, schwiegen schließlich die Bedenken. Die Bedenken aber waren nicht unbegründet gewesen, war doch der kleine Adolf vor kurzem erst zweijährig geworden.

So zogen wir denn eines heißen Abends, hüpfend vor Freude über das bevorstehende Vergnügen, mit dem

Vater hinten beim Holzschopf aus dem Hause hinaus, schräg durch des Großvaters Matte, das einzige Mal meines Erinnerns, daß wir überhaupt diese Matte betraten. Und jetzt durften wir sie nicht bloß betreten, sondern sogar durchqueren, von einem Ende bis zum andern. Schon das wirkte als Abenteuer.

Am äußersten Ende der Matte, ob sie schon so flach war wie ein Brett, stand man plötzlich wie auf einem Hügel. Denn ein Rain fiel dort abwärts. Unten am Rain aber floß ein Bächlein oder vielmehr ein kleiner Kanal. Hier oben am Saum des Raines warteten wir auf den bestellten Ünggeli. Als dieser erschien, half er einem um den andern den steilen Rain hinab an den Rand des Bächleins, entkleidete sich und uns, hernach stieg er in den Bach und empfing uns, platsch, in seine Arme. Das Wasser war warm, reichte uns kaum über die Knie, es war eine Herzeweide, zu stampfen, zu plätschern, zu spritzen. Es gab auch Abwechslung. Bald sprangen wir selbständig um den Ünggeli herum, bald nahm er uns bei der Hand und tanzte mit uns einen Reigen, bald lud er den einen um den andern auf seine Achsel und watete als Lasttier bachauf und bachab. Unterdessen hielt der Vater oben am Saume des Raines Wacht und schürte das Vergnügen durch ermunternde Zurufe.

Er behielt recht: es hat uns nichts geschadet. Im Gegenteil. Das einzige Schlimme daran war, daß wir schließlich aus dem Bache wieder heraus mußten. Das war unser erstes Bad.

Oberst Sulzberger

SOWEIT ICH ZURÜCKDENKEN kann, galten mir Soldaten für eine höhere Art Menschen. Schon in meinem ersten Lebensjahre, als ich noch nicht der Sprache mächtig war, sah ich einmal das Bataillon vorbeiziehen (es gab nämlich in Baselland nur ein einziges). Das war so schaurig, so erschütternd schön, daß ich ganz berauscht davon wurde. Sehnsüchtig hoffte ich fortan auf den Wiederauftritt des Bataillons. Daß diese Hoffnung Tag für Tag und Jahr für Jahr getäuscht wurde, beschattete den Hintergrund meiner Seele mit Trauer.

Die Soldatenbegeisterung wurde noch von meinem Vater geschürt, der für Napoleon schwärmte, mit welchem einst sein eigener Vater nach Rußland gezogen war. Wir kannten nichts Höheres als Napoleon und seine Alte Garde. Wie oft habe ich als Kind wehmütig nach dem Schleifenberg hinübergeblickt, mit Inbrunst zum Schicksal betend, die Alte Garde möchte plötzlich aus dem Walde tauchen und den Rehberg heruntermarschieren. Allein die Alte Garde kam nie, das Bataillon blieb ebenfalls ewig aus, so daß ich schließlich auf meine Hoffnung einen Grabstein setzte und die Entbehrung durch Vergessen zu verschmerzen suchte.

Dann war der Trost gekommen: die Freundschaft und Gewogenheit des Oberst Sulzberger. Allein das war ein kurzes Fest gewesen, mit der Abreise meines Vaters nach Bern hatten die Besuche des Oberst Sulzberger aufgehört. Jetzt aber, nach der Heimkehr meines

Vaters, wurde die alte Freundschaft wieder angeknüpft. Und zwar brauchten wir nun nicht mehr zu warten, bis er zu uns kam, sondern wir konnten ihn aufsuchen, da ich schon so kräftig war, um meinen Vater begleiten zu können, ohne daß ich nötig hatte, fortwährend an der Hand geführt zu werden.

In Liestal gab es, was ich erst jetzt erfuhr, eine Stätte des Heils, wo jahraus, jahrein mindestens zwei lebendige Soldaten in Uniform am hellen Tage zu sehen waren, so oft man vorbeiging, unten im Gestadeck bei der Ergolzbrücke. ‹Kaserne› nannte man den Gnadenort und ‹Schildwache› die beiden Soldaten. Die Schildwachen gingen beständig vor der Tür auf der Straße hin und her, um mit ihrer Uniform die Soldaten anzulocken und ihnen zu zeigen, wo die Kaserne sei. Wahrscheinlich machten sie den Soldaten im verstohlenen geheime Zeichen, die man stundenweit sehen konnte, denn oft kamen eine ganze Menge Soldaten von Frenkendorf und Sissach und Seltisberg her und wohnten ein paar Tage in der Kaserne; dann plötzlich war die Kaserne wieder leer, je nachdem die Soldaten gerade Lust und Zeit hatten. Dort, bei den Schildwachen, war der Oberst am liebsten, denn er hatte auch Freude an den Soldaten. Doch ging er nicht mit den Schildwachen auf der Straße hin und her, sondern versteckte sich immer faul in der Kaserne, so daß man ihn erst rufen mußte.

Vor der Kaserne angekommen, erkundigte sich mein Vater vor allem bei den Schildwachen, ob der Oberst Sulzberger gegenwärtig sei. Wenn nein, dann begnügte man sich mit niedrigeren Offizieren, die Papa ebenfalls kannte. Wenn ja, gingen wir zu ihm in sein Zimmer und sprächelten mit ihm. Stand die Kaserne gerade leer, so führte er uns in den Wohnstuben und Schlafstuben der Soldaten herum, und in den Waffensälen und Gepäckkammern, und zeigte und erklärte uns alles. Wobei ich über die Häßlichkeit der Kaserne erstaunte. Ich hatte nämlich gemeint, so übermenschliche Wesen, wie die Soldaten sind, müßten in prächtigen Palästen wohnen wie die Engel. Viel vergnüglicher war es, wenn die Kaserne von unten bis oben mit Soldaten angefüllt war. Denn in diesem Falle war der Oberst draußen auf der Matte neben der Ergolz und exerzierte mit den Soldaten. Das heißt, er selber stand still, mit ein paar Offizieren um sich, nur die Soldaten exerzierten. Ah, das war prächtig, wie die Soldaten in langen Reihen vor ihm standen und alle miteinander mit den Gewehren klirrten und bald auf diese, bald auf jene Seite schwenkten, je nachdem man es ihnen befahl. Das Schönste war aber doch der Oberst Sulzberger selber, mit seinen Epauletten, seinem Säbel und seinem wundervollen zweispitzigen Obersthut.

Während ich mich sonst zutraulich an ihn anschmiegte, bekam ich, wenn er in Uniform war, Angst vor seinen Epauletten und seinem schönen Obersthut, so daß ich ihn nur aus der Ferne bewundern wollte, wie die andern Leute, welche auf dem Exerzierplatz zuschauten. Allein Papa zog mich aus dem Volk heraus und führte mich unter die Offiziere. Dort nahm mich der Oberst Sulzberger zu sich und behielt mich an seiner Seite, wohin er sich auch bewegte. Er kommandierte furchtbar zornig, aber gegen mich war er nicht böse. Wenn er auskommandiert hatte und nicht mehr zornig war, nahm er seinen prächtigen Obersthut ab und setzte ihn – o Stolz! o Wonne! – mir auf den Kopf. Ha, das war ein anderer Obersthut als jener, den mir einst die Großmutter aus Zeitungspapier zurechtgeklappt hatte! Und wohlverstanden, den Hut durfte ich lange Zeit aufbehalten und mit ihm vor den Soldaten hin- und hermarschieren. Es kam auch vor, daß mich der Oberst Sulzberger zu seinem Mundstück machte, indem ich an seiner Stelle den Soldaten die Befehle zurufen durfte, die er mir vorsagte: «Zeig», meinte mein Vater, «laß sehen, was du kannst, kommandier du jetzt selber, ohne daß man dirs vorsagt.» Und der Oberst Sulzberger stimmte lachend zu. Da schrie ich, so laut ich konnte: «Bataillon, vorwärts, Finkenstrich, marsch!» Gerade das war es, was ich brauchte. So hätte es Tag für Tag und Stunde um Stunde zugehen sollen. Und wie sie mich jetzt alle gern hatten, die Soldaten! nicht bloß ich allein sie. Liebesglück.

Eines Tages jedoch, als ich wie gewöhnlich mit dem Zweispitz auf dem Kopf begeistert auf der Matte herummarschierte, kam mir ein Einfall: ob der Hut wohl schwimmen könne? Und so warf ich ihn in den Fluß. Ich weiß nicht mehr, ob er schwimmen konnte, aber seinen Zweispitz hat mir der Oberst Sulzberger fortan nie mehr auf den Kopf gesetzt, ob er mir schon deswegen seine Gunst nicht entzog.

Dieser nämliche Oberst Sulzberger hat zwanzig Jahre später in meinem Leben eine Schicksalsrolle gespielt.

Ihm nämlich verdanke ich meine Auswanderung nach Rußland, die ich damals als eine Erlösung empfand und heute als ein Glück preise.

Hausfleiß

PAPA SCHAFFTE HOLZ für den Winter herbei. Tagelöhner, um das Holz zu sägen und zu spalten, brauchte er keine. Das besorgte er alles selber. Und zwar mit Wollust. Denn hier konnte er seine gewaltige Kraft betätigen. Je knorriger, wilder, stämmiger ein Baumast aussah, desto mehr freute es ihn. Verliebt suchte er immer zuerst die trotzigsten Baumkerle hervor und kehrte sie zärtlich um und um, ehe er sie mit wuchtigen Axtschlägen zertrümmerte. Im Sägen war er unermüdlich und virtuos; den Ton, den die Säge hervorbrachte, ahmte er in übermütiger Fröhlichkeit mit dem Munde nach, was ihm ergötzlich gelang, wie er denn überhaupt ein außerordentliches Nachahmungstalent hatte. Die Scheiter wußte er so kunstvoll zu spalten, daß sie sämtlich an Dicke und Länge gleich gerieten. Und als nun der Scheiterhaufen aufgetürmt war, durften wir ihm helfen, die Scheiter in die Dachkammer zu tragen. Wir luden ein paar Stück auf die Arme, ließen die Hälfte davon unterwegs die Treppe hinunterpurzeln und kamen fast mit leeren Händen oben an. Aber siehe da: der kleine Adolf, der sonst lieber vierfüßig als zweifüßig eine Treppe erkletterte, benahm sich bei dem Geschäft anstelliger als ich. In der Dachkammer ging es ans

‹Beigen› (Aufschichten) der Scheiter. Auch dabei durften wir helfen. Und wieder benahm sich der Kleine geschickter als ich. Mir legten sich immer die Scheiter kreuz und quer, so daß ich viel Zeit und Mühe brauchte, sie nachträglich einzeln zurechtzuweisen. Schließlich besorgte Papa das Geschäft allein, und wir durften bewundernd zusehen. Zur Bewunderung war auch wirklich Anlaß. Er griff mit seinen beiden starken Händen eine unglaubliche Menge Scheiter aus dem Korb und schleuderte sie sämtlich mit einem einzigen Wurf gleichzeitig an die gewünschte Stelle. Und zwar so, daß keines quer zu liegen kam und daß kaum eines mit dem Kopf über das andere hinaussah. Selten brauchte er ein wenig nachzuhelfen, damit sie sämtlich in Reih und Glied parierten wie Soldaten. Und wenn er so die Scheiter handvollweise auf die Beige warf, gaben sie einen angenehmen Klang wie Musik.

Eines Morgens lief ich freudig aufgeregt zu meinem Brüderchen: «Komm sieh, was Papa Lustiges gemacht hat!» Dicke, krumme Schläuche wie Riesenschlangen hingen von Fässern herunter auf den Boden und schauten mit den Köpfen durch die Kellerlöcher. Doch Papa dämpfte meine Freude. Die Schläuche seien nicht zum Vergnügen da, belehrte er mich, auch blieben sie nicht liegen, sondern kämen später wieder weg, wenn der Wein im Keller sei. Dazu machte er ein ungewöhnlich ernstes, wichtiges Gesicht, das mir die Hoffnung auf weitere Lustbarkeitsüberraschungen von den Fässern und Schläuchen her benahm.

MEINE MEINUNGEN VON Recht und Unrecht bezog ich aus Bilderbüchern und Märchen, aus Warnungen und Ermahnungen. Wie es in den Bilderbüchern steht, soll es zugehen, wie es einem angedroht wird, soll es geschehen. Der Storch meiner Bilderbücher hatte unfehlbar eine Schlange im Schnabel. Folglich gehört die Schlange in den Storchenschnabel. Einmal flog wirklich ein Storch am Hause vorbei, der eine Schlange im Schnabel trug. «Siehst du ihn? siehst du die Schlange, wie sie sich wehrt und sich windet?» Ja, warum wehrt sie sich denn? Weiß sie denn nicht, was sich gehört? Ist sie so boshaft, daß sie möchte, ein Storch sollte mit leerem Schnabel ohne Schlange nach dem Kirchendach fliegen?

In meinen Bilderbüchern war ein Mann zu sehen, der vom Wagen heruntergepurzelt war. «Nimm dirs zur Warnung», hieß es, «und klettere nie auf einen Wagen, sonst fällst du herunter und wirst überfahren.»

Als wir nun eines Morgens beim Kaffee saßen, hauderte ein Bauer, auf Mehlsäcken hockend, mit seinem Wagen vorbei. Papa erblickte ihn durchs Fenster, nannte seinen Namen und schaute ihm nach. Plötzlich rief er: «Er ist heruntergefallen!» Hurtig ergänzte ich, freudig aufspringend: «Und jetzt wird er überfahren!» «Nein, er steigt wieder auf, es hat ihm nichts getan.» Ganz traurig und niedergeschlagen seufzte ich: «Ach, wie schade!» «Ja, bist du denn so grausam, daß es dir Freude gemacht hätte, wenn er überfahren worden wäre?» Mein Vater mißverstand mich. Ich lechzte keineswegs nach dem Blut des Bauern. Nur verlangte ich von ihm, nachdem er einem ungeheißen das Abenteuer gestiftet, vom Wagen zu fallen, auch die schuldige Fortsetzung. Sonst hätte ers lieber sollen ganz bleiben lassen. Man fängt nicht eine Geschichte an und hört dann mitten drin plötzlich auf, wenn es gerade am spannendsten ist.

Etwas Entsetzliches, das ich nicht mitansehen kann

AUS DER BRAUEREI kam mit fröhlichem Gesicht ein Bote, der Großvater lasse drüben auf dem Kegelplatz ein Schwein schlachten und wir seien alle eingeladen zuzusehen. Mama schlug die Einladung aus, uns Buben führte der Vater auf den Festplatz. Sie machten nämlich alle festliche Gesichter, drüben in der Brauerei, als wir ankamen. Ich konnte mir zwar nicht recht vorstellen, was Freudiges dabei sein könne, wenn ein Schwein geschlachtet wird, allein die andern, dachte ich, werden es wohl besser wissen. Übrigens werde ich es ja bald selber erfahren.

Mit einem Male sprang eine Tür auf, und, von zwei Knechten auf dem Boden fortgeschleift, erschien ein abscheulich schreiendes, scheußliches Schwein. Das packten sie am Schwanz und an den Ohren und warfen es auf einen Schragen. Schon das war gräßlich anzusehen, zum Herzerbarmen. Und wie mir vollends der Gedanke einfiel, daß jetzt gleich diesem lebendigen Geschöpf sollte ein Messer in den Hals gestochen werden, packte mich jählings das Entsetzen. Entsetzen im buchstäblichen Wortsinn: ich lief erbärmlich schreiend davon, einerlei wohin, nur möglichst weit weg, damit ich nicht ansehn und anhören müsse, wie das arme Tier hingemordet wird.

Auf der blinden Flucht geriet ich in die Nähe der Luftschächte des Brauhauses, unergründlich tiefe, schwarze Löcher, die oben offen standen. Eilends holte mich mein Vater ein und hielt mich fest. Unmöglich, aus seinen starken Händen fortzukommen. Ich konnte nur zittern und schreien. Ihm wieder gelang es nicht, mich in die Nähe des Richtplatzes zu ziehen. Zu verzweifelt, zu krampfhaft sperrte ich mich. Ich tat wie wahnsinnig. Schließlich wurde ihm unheimlich bei meinem rätselhaften Toben, so daß er, um meinen Zustand nicht zu verschlimmern, nachgab und statt der Händekraft die Überredung walten ließ. Wovor ich denn so unvernünftig Angst hätte? Das Schwein werde mir gewiß nichts tun; es habe jetzt an anderes zu denken als mich zu beißen. Ich sollte mir doch an meinem kleinen Bruder ein Beispiel nehmen, der dem Schwein, während es auf dem Schragen lag, mitleidig das Ohr streichelte, mutig, ohne die mindeste Furcht. Während seines Zuspruchs war die Hinrichtung vollzogen; sowie ich erfuhr, daß das Tier tot sei, war ich augenblicklich beruhigt. Aber noch jahrelang nachher wurde erzählt, wie verständig und mutig sich bei diesem Anlaß der Kleine benommen habe und wie über die Maßen kläglich der Ältere.

Am Abend dieses nämlichen Tages, als es schon ganz

dunkel war, wurde ich zum zweiten Male in die Brauerei hinüber geladen, dieses Mal in die verlassene Kanzlei, die seit dem Wegzug meines Vaters zu einer zweiten, größeren Wirtsstube umgewandelt worden war. Dort gab es bei hellem Kerzenschein ein Gelage, bei welchem die Metzger die Hauptrolle spielten. Mit Grausen und Abscheu betrachtete ich diese mörderischen Menschen, wie sie Wein zechten und lachten und grölten. Unversehens wetzten sie die Messer und begannen mit fürchterlicher Stimme zu singen: «Wirds bald, wirds bald, ich muß noch durch den finstern Wald.» Das klang so gräßlich, daß es gewiß ein entsetzlich gefährlicher Wald war, durch den sie mußten. Und noch dazu so spät in der Nacht. Aber obschon sie das selber wußten, schienen sie sich gar nicht davor zu fürchten, sondern blieben in der Stube sitzen und lachten und schmausten und tranken, als wäre nichts. Da konnte ich nicht umhin, die schrecklichen Menschen für ihren Mut zu bewundern. Staunend und grausend folgte ihnen mein ratender Gedanke auf dem bevorstehenden Heimweg durch den finstern Wald. Was ihnen wohl alles dort widerfahren mag? Ob sie sämtlich am künftigen Morgen noch lebendig sein werden? . . . Und wirklich erkundigte ich mich am Tage darauf voll Besorgnis nach dem Befinden der Metzger. Ich erhielt den beruhigenden Bescheid: sie seien gesund und faul und schliefen noch.

FRÜHLING INNEN UND AUSSEN

Gärtnern

Zum folgenden Winter ist meinem Gedächtnis der Schlüssel abhanden gekommen. Möglich, daß ich ihn wieder finde. Gegenwärtig weiß ich nichts mehr davon als ein paar flüchtige Zwischenfälle, und auch von ihnen bin ich nicht sicher, ob sie nicht in den vorjährigen Winter fielen. Erinnerungsbilder, mögen sie noch so hell und deutlich sein, ermangeln eben der Unterschrift, wie das Leben selber, und auch das treuste Gedächtnis ist schlecht beschlagen im Kalender.

Einmal, während ich im Hausgang stand, liefen nacheinander meine beiden Eltern und Agathe aufgeregt an mir vorbei, über die Straße in die Brauerei. Als sie kurz darauf beruhigt zurückkamen, sagte Agathe im Ton des Vorwurfs zu mir: «Wäre es dir denn ganz gleichgültig gewesen, wenn dein Bruder Adolf gestorben wäre?» Er hatte drüben hinter der Küche eine Vitriolflasche an den Mund gesetzt, in der Meinung, es wäre Zuckerwasser. Glücklicherweise spritzte ihm ein Tropfen rechtzeitig an die Lippen, so daß er mit einer geringfügigen Verbrennung davonkam.

Ein anderes Mal geschah ein Aufruhr der Freude. Der sagenhafte Onkel Henri war unerwartet aus Bordeaux angekommen. Es gab ein paar Stunden lang ein lebhaftes, festliches Hin und Her, ich sah einen schönen jungen Mann, der enge Beinkleider mit Strippen unter den Stiefeln trug, wie mein Vater, was mir gefiel. Doch das freute sich über meinen Kopf hinweg, ohne sich sonderlich um mich zu kümmern, und ehe ich recht begriff, daß der Onkel Henri bei uns sei, war er schon wieder weg.

Dann machte eines Tages die Morgensonne auf ihrer Reise vom Schleifenberg zum Alten Markt einen Abstecher und gab in unserm Häuschen eine Privatvorstellung. Ein Strahl traf ein Fenster, das loderte und blitzte. Dem über das Wunder Jubelnden holte Agathe ihr Spiegelchen, und nun verübte ich begeistert Spiegelfechten. Was Augen vorwies, diesseits wie jenseits der Straße, wurde geblendet. Bis mich Papa auf das Schädliche des Vergnügens aufmerksam machte. Ich habe später im Knabenalter das Kunststück wiederholen wollen, allein es schmeckte lange nicht mehr so gut wie jenes erste Mal.

Im Frühling aber begann mein Vater eifrig zu gärtnern. Neben Holzspalten und Sägen war das seine Lieblingsbeschäftigung in friedlichen, ‹idyllischen› Zeitläuften. Früher, vor dem ‹Idyll›, waren es andere gewesen: Reiten, Fechten, Duellieren, Hunde dressieren, Hauen, Raufen und Kriegen. Das Rauchen nahm er ins Idyll herüber. Jetzt also ging es ans Gärtnern. Nicht Blumen, das war ihm zu weibisch, nicht Beeren, das war ihm zu kindisch, nicht Obst, das war ihm zu schwierig, sondern Gemüse. Salat! ah: mit großen, blonden Krausköpfen! Und vor allem Bohnen und Erbsen. Wie ein Kind schmunzelte er, wenn er von Erbschen redete, frisch aus dem Garten, wie Butter schmelzend, mit der Zunge zu zerdrücken.

Schon das Anlegen des Gärtchens bereitete ihm ein Hauptvergnügen. Was meint ihr denn? Auf eigenem Grund und Boden, mit eigenen Händen einen feilen Grasplatz in ein köstliches Gemüsegärtlein verwandeln mit sauberen Weglein und samtweichen Beeten, alles ohne den mindesten Gärtner, das kann nicht jeder – versuchts einmal! –, darauf darf man stolz sein. Und wartet nur, bis die Erbschen zeitig sind, dann werdet iht etwas erleben! So weiche, süße, grüne Erbslein wie aus meinem Gärtchen habt ihr noch nie keine gegessen!

Neben dem Gärtchen hatte er in Großvaters Wiese

ein viereckiges Loch ausgegraben, nicht tief, immerhin genügend, um, wenn man es geschickt anfing, ein Bein darin zu brechen. Vor diesem Loch wurde ich mild gewarnt, hierauf als verständiger Bub ermächtigt, vorsichtig rings um den Rand herumzuwandeln und hinunterzugucken. Die Erlaubnis benützte ich begierig; beständig mochte ich am Rande des Abgründleins weilen und mit dem Blick die abenteuerliche Tiefe (etwa ein Meter) ergründen. Und in einer der folgenden Nächte schaute ich einen der seligsten Träume meines Lebens: Mir träumte, ich befände mich, ruhig schlafend, in der Tiefe jener Grube neben dem Gärtlein. Von oben her, aus dem Licht, rankte ein lebendiges Blumengewinde zu mir hernieder, aus welchem Engelsköpfe mich grüßten. Das war nicht ganz so deutlich zu sehen, wie es hier die Sprache sagt, denn goldenes Licht verwischte die Umrisse, dafür wieder viel seliger, als Worte es zu erzählen vermöchten. Statt der unmöglichen Schilderung lasse ich eine Tatsache reden. Mehr als dreißig Jahre später habe ich jenen Traum zum Inhalt einer Nummer meiner «Extramundana» gewählt (Arabeskenmythos). Daß die Ausführung unterblieb, ist Zufallssache. Eine Zeichnungsskizze dazu ist, glaube ich, noch vorhanden.

Die Kapuziner der Hoffnung

INZWISCHEN GRÜNTE UM das Haus des Großvaters Wiese, hinten am Schleifenberge dunkelte der Wald, und in die Zimmer lachte der Sonnenschein. Durch alle

Fenster zog Luft und Licht, in alle Herzen die Lebensfreude. Es war, als ob das Häuschen erst gestern aus dem Gras emporgewachsen wäre, so blank, so frisch muteten sämtliche Räume einen an, und als ob wir alle miteinander neu geboren würden. Also mit einem Wort, der Frühling, wie er im Liede steht. Warum verspürten wir ihn erst in diesem Jahr und nicht schon im vorigen? Weil damals der Vater ferne war und wir Kinder noch zu klein, um den Wechsel der Jahreszeiten zu erfassen oder auch nur zu bemerken, geschweige denn zu fühlen.

Wer den Frühling am innigsten spürte, das war meine Mutter. In ihrem Herzen wurde es Morgen. Gerade weil sie so früh geheiratet hatte, mit sechzehn Jahren, hatte sie bisher noch gar nie Zeit gefunden, jung zu sein. Von der Schule weg als Braut in die Pension, aus der Pension ohne einen Monat Pause in den Ehestand, von klein auf in Gehorsam befangen, von ihren Eltern und dem Götti ziemlich scharf gehalten, noch unerwachsen schon mit Mutterstandspflichten und Haushaltungssorgen beladen, war sie noch gar nicht recht zur Besinnung gekommen. Nun, im Glücke, dem vereinten Eheglück und Mutterglück, wachte sie beim Gruße des Frühlings auf und wurde jung.

Und was sie fühlte, ließ sie mich mitfühlen. Nicht in schwärmerischer Rede. Die Rede war ihr überhaupt nicht gegeben, und ihre leise Stimme, die Stimme ihrer Eltern und des Ünggeli, versagte hilflos nach den ersten zwei Sätzen. Die Mitteilung vollzog sich vornehmlich durch wortlose, seelische Überströmung, erläutert von der Sprache der Träne, die bei jeder Gemütsbewegung, auch bei einer freudigen, in ihrem Auge erschien. Sowie sie etwas Schönes sah oder hörte, mußte sie mit den Tränen kämpfen. Sie machte mich etwa auf den Kukkuckruf oder auf das Wimmern des Käuzchens im Walde aufmerksam, ließ mich wissen, daß sie einst als Kind die ersten Veilchen am Raine beim Alten Markt suchen gegangen wäre, führte mich ums Haus und dichtete dabei mit der Hoffnung in die Zukunft.

Rings um das Haus lief nämlich ein vergnügliches Weglein, oben am Rand der künstlichen grasbesäten Böschung, auf welcher das Häuschen stand. Das Weglein war mit Meerrohrböglein eingefriedigt, teils für die Zier, teils zur Andeutung, daß man nicht die steile Böschung hinunterpurzeln sollte. Diese Meerrohrböglein gefielen mir außerordentlich. Allein meine Mutter wußte von ihnen noch Besseres zu berichten, als was gegenwärtig zu sehen war. Sie wolle später, teilte sie mir mit, prächtige rote Blumen, Kapuziner nenne man sie, längs dem Weglein in die Böschung säen, die sich dann von selber als Girlanden um die Böglein schlingen würden. Ich würde schon sehen, ich dürfe mich darauf freuen. Die Kapuziner haben sich nie um die Böglein geschlungen, sie sind nicht einmal gepflanzt worden, es kam ja bald alles ganz anders. Und doch kenne ich keine Blume von leuchtenderem Rot als das Rot jener Kapuziner, die einst die Hoffnung meiner Mutter um die Meerrohrböglein blühen sah.

WENN ICH AM Knie ein vielfarbiges Mal entdecke, das bei der Bewegung schmerzlich spannt, so schließe ich daraus, daß ich mich angestoßen haben muß, ob ich mich schon nicht erinnere, wann und wo. Wenn ich als Kind in Bern über den Bildern von Ludwig Richter jedesmal bei jedem fernen Hügelzug, bei jedem Wolkenstreifen am Himmel, bei jedem Taubenflug Heimweh nach Liestal verspürte, wenn ich als Mann den Wolkenschatten meiner ‹Glockenjungfern› unwillkürlich vor dem Liestaler Schleifenberg schweben sah, so muß ich einst in Liestal die Fernen und die Höhen mit meinen Augen geschöpft und in meine Seele gegraben haben, ob ich schon nur den allgemeinen Eindruck im Gedächtnis behalten habe, daß mir im Jahre 1849 der Frühling ins Herz schien. Das wird überdies noch durch den Gegensatz bestätigt, indem später in Bern meine Augen nichts Ähnliches erlebten; ich muß es also vorher gesehen haben. In der Juralandschaft, nicht in den Alpen, habe ich Luft und Licht, Höhe und Ferne geschöpft.

Es handelt sich vornehmlich um den Blick in solche Himmelshöhen, Erdenfernen, Luft- und Wolkenspiele, wo zwischen niederen Gebirgsausläufern eine unsichtbare Talebene sich weitet, die sich der Ahnung durch Duftschleier und durch andersartige, tiefergelegene Lichtquellen bemerklich macht. Das erste Mal werde ich das bei meiner Heimreise aus Waldenburg gesehen haben, ein zweites Mal beim Ausblick hinter Solothurn. Entscheidend wirkte wohl im Frühling 1849 das Hereinscheinen des Lichtes vom Ergolztale zwischen dem Städtchen und dem Schleifenberge schräg über Großvaters Matte hinten an unser Häuschen und Gärtchen. Wie gesagt, ich finde keine Spur in meinem Gedächtnis davon, daß ich als Kind jenes Licht bewußt bemerkt oder gar angestaunt hätte, aber sicher ist, daß meine Seele fortan Höhe und Ferne trinkt, daß ich ähnlich wie der Maler zeitlebens die Himmelskuppel als unabtrennbar zum Erdenbild gehörig empfunden habe. Und von irgendwoher, nicht wahr, muß ich doch diese Anschauung geholt haben. Aus diesem Grunde, ich meine wegen solcher Augenerlebnisse in meiner Kinderzeit, wurde ich dann, als ich mich der Poesie verschwor, durch meine Natur gezwungen, meine Stoffe aus der blauen Luft zu beziehen. «Im Blicke fliegt mein Geist, mein Führer ist das Licht, der Äther hoch und hell ist meines Liedes Quell.»

Auch das Ohr muß damals, wenn nicht schon früher, Frühlingseindrücke aufgenommen haben. Das erfahre ich wiederum durch den Rückschluß. Im Winter vor meiner Konfirmation hörte ich im Basler Theater den «Freischütz». Als der Freischützwalzer erklang, überkam mich eine Verzückung: «Den hast du vor unvordenklichen Zeiten als Kind schon vernommen.» In Bern hörte ich einmal Knaben auf Weidenflöten pfeifen. Beim Klang dieser Flötentöne erfaßte mich die Sehnsucht nach Liestal. Folglich muß ich eine Unmenge von Frühlingsoffenbarungen, von welchen ich nichts mehr weiß, in Liestal erlebt haben. Zunächst nur mit den

Sinnen, ohne ihnen Beachtung zu gönnen, aber mit den Jahren stiegen sie aus dem Unbewußten ins Gefühl.

Fräulein Lebenslust

HINTEN IN EINER Wiese, abgelegen von der Straße, weit draußen vor Liestal, wohnte neben einer großen Scheune ein deutscher Flüchtling aus Wiesbaden, namens Bahrdt. Ein gebildeter Man aus guter Familie, Doktor der Rechte. Da er von Hause ein ansehnliches Vermögen mitgebracht hatte, brauchte er nicht wie die übrigen Flüchtlinge eine Stelle zu suchen, um sein Leben zu fristen, sondern betrieb auf eigene Faust ein Advokaturgeschäft, wie er denn zeitlebens als Advokat Bahrdt im Baselland weit und breit bekannt war. Überdies erwarb er, wenn ich nicht irre, die Scheune und die damit verbundene kleine Wohnung käuflich zum Eigentum. Die Scheune war ursprünglich für ihn die Hauptsache; mit dieser hatte er Pläne: er wollte mit Regierungsrat Begle zusammen eine Fuhrhalterei gründen, was indessen nicht zustande kam.

Durch den Hausbau meines Vaters wurden wir seine Nachbarn. Papa schätzte den Umgang mit dem gebildeten Manne, meine Mutter wieder schloß nachbarliche Freundschaft mit der Schwester des Doktor Bahrdt, die jahrelang bei dem Bruder wohnte, um in seine Junggesellenwirtschaft Ordnung, Wärme und Fröhlichkeit zu bringen, was ihr auch gelang. Gleich anfangs nach unserem Einzug in das neue Häuschen entwickelte sich ein lebhafter gesellschaftlicher Verkehr zwischen den beiden Nachbarsfamilien; es hatte sogar eine Zeitlang den Anschein, als ob Doktor Bahrdt mit seiner Schwester den oberen Stock unseres Häuschens mieten wollte. Es kam zwar nicht dazu, Doktor Bahrdt zog vor, ein eigenes Häuschen zu bauen; aber das gute Verhältnis blieb nach wie vor das nämliche.

Den Doktor Bahrdt selber bekam ich wenig zu Gesicht, Fräulein Bahrdt dagegen begann als Freundin meiner Mutter je länger je mehr eine Rolle in unserem Hause zu spielen, eine gute Rolle, als Spenderin der Unterhaltung und Erheiterung. Ihre rheinländische Harmlosigkeit und Zutraulichkeit, ihre Fröhlichkeit und Gesprächigkeit, lauter fremdländische Dinge, wirkten erquickend, ihr Lachen steckte an, man badete in Lebenslust, wenn Fräulein Bahrdt zu Besuch erschien. Uns Kindern namentlich wurde sie durch ihre ewige gute Laune, durch ihren reichen Vorrat an Witzlein, Späßlein und erfinderischen Ergötzlichkeiten zum Labsal. Ihr ganzes Wesen erfrischte wie der menschgewordene Frühling.

Wie Frühling muteten mich auch die Räume an, in welchen sie wohnte, nämlich das neue, noch nicht völlig fertige Häuschen ihres Bruders. Unter Dach wird es wohl schon im vorigen Herbst gewesen sein, nach der abenteuerlichen Erzählung zu schließen, die mein Vater von der Hauseinweihung öfters zum besten gab. Doktor Bahrdt, so liebte mein Vater zu berichten, stiftete zur Einweihung seines neuen Hauses einen großen Ball. Als aber die Gäste erschienen, erwies es sich, daß der Hauseigentümer vergessen hatte, zum oberen Stock eine Treppe bauen zu lassen, so daß die Gäste auf Leitern durch die Fenster in den Tanzsaal steigen mußten. Wie dem auch sei, im Frühjahr 1849 stand das Häuschen wohnbar da, indessen inwendig noch unfertig, so daß jedesmal, wenn Mama mich zu Fräulein Bahrdt geleitete, und das geschah fast täglich, etwas Neues, Schönes zu schauen war, heute ein nach Ölfarben duftender Anstrich, morgen ein Spiegel an der Wand, ein anderes Mal eine Reihe Blumen außen längs der Mauer und so weiter. Schon der Weg zu Fräulein Bahrdt war vergnüglich. Anstatt die Straße zu nehmen, führte mich Mama hinten durch die saftigen Matten an sonderbaren Gärtlein vorbei, auf schmalem, winkligem Pfade, den sie entdeckt hatte und den niemand sonst wußte als sie und ich allein, den ich aber bald auswendig lernte, so daß sogar meine Träume ihn kannten. Durch die Träume aber gewann er Gemütswert und seelische Bedeutung. Dieser geheime Schlupfpfad zu Fräulein Bahrdt und ihr freundschaftlicher, lachender Willkomm im luftigen, blanken, von Sonnenschein durchstrahlten Häuschen haben mir den Frühling ins Herz geleuchtet. Fräulein Bahrdt lebt als Fee des Frühlings in meiner Erinnerung.

ÜBERSIEDELUNG NACH BERN

Unternehmend

Der angehende Sommer traf mich gesund, kräftig, mutig und unternehmungslustig. Die wichtigste Unternehmung war die Entdeckung von Liestal. Bisher hatte sich mein Gesichtskreis auf die Welt vor dem Obern Tor, auf die Umgegend der Brauerei und unseres Hauses beschränkt, mit Abstechern in das Gestadeck, wohin man vom Obern Tor mit Umgehung des Städtchens gelangte. Ins Städtchen selber war ich selten gekommen. Nun aber machte ich öftere Fußreisen nach verschiedenen Teilen des Städtchens Liestal. Nie allein, so weit reichte das Vertrauen auf meine Klugheit noch nicht, ich war ja dieses Frühjahr erst vier Jahre alt geworden, sondern meistens mit Agathe, mitunter auch mit meiner Mutter oder meinem Vater.

Noch immer blieb das Gestadeck das häufigste Ausflugsziel; man befand sich eben dort ein wenig wie auf dem Lande. Aber jetzt durfte ich das Gestadeck gründlich kennenlernen. Wohl mir, denn in einer Gasse des Gestadecks erspürte ich eine unterirdische Base – schade, daß ich ihren Namen vergessen habe –, zu deren Stüblein man von der Straße auf einer Treppe hinunterstieg. Diese Base, die selbstverständlich wie alle Basen Rosinchen zu verschenken hatte, wurde jenen Sommer neben Fräulein Bahrdt meine Hauptfreundin. Ich kehrte dort jedesmal ein, so oft ich ins Gestadeck geleitet wurde. Auch in die großmächtige, gefährliche Sägemühle neben der Kaserne kam ich wiederholt, je länger, desto öfter. Dort wohnte ein Trüpplein Kinder, die mich zum Spielen einluden und mich in den weiten unheimlichen Räumen neben und über den donnernden Wassern und rauschenden Sägen umherführten.

Über dem Gestadeck und dem Exerzierfeld, abseits auf einem Bühl, war damals der Turnplatz. Auf diesem Turnplatz, wo ich zwanzig Jahre später die Urszene meines Prometheus erlebte, von welcher ich meine Dichtereigenschaft herleite, brachte ich in Gesellschaft von Agathe einen langen und etwas langweiligen Nachmittag zu. Ich saß und lag auf einer Bank unter einem Lindenbaum und ermaß, mit dem Blick aufwärts schauend, den unerschöpflichen Wunderreichtum der Baumkrone. Von jenem Nachmittage her habe ich eine gewisse Ehrfurcht vor jedem Menschen behalten, der einen Baum zeichnen kann.

Im Städtchen war es Papa, der mich auf Spaziergängen seinen Bekannten – und so ziemlich jedermann war sein Bekannter – vorstellte, wenn sie, vor der Haustür oder Ladentür stehend, ihm den Willkomm boten. Eine ansehnliche Zahl Freunde unter der Liestaler Einwohnerschaft gewann ich damals, die mir ein treues Andenken bewahrten, während ich sie nach meiner Abreise gänzlich vergaß. Wie oft ist es mir in späterer Zeit begegnet, daß mich in Liestal ein altes Männlein oder Weiblein anredete: «Kennen Sie mich denn nicht mehr? Wir sind doch so gute Freunde zusammen gewesen, als Sie noch ein kleines Büblein waren.»

Der Exerzierplatz unten bei der Kaserne war in diesem Sommer besonders ausgiebig. Vornehme grüne eidgenössische Obersten erschienen, um die Übungen zu leiten oder zu beurteilen; diesen galt von nun an meine Schwärmerei. Wenn man mich fragte: «Was willst du werden, wenn du einmal groß bist?» antwortete ich nicht mehr wie früher: «Ein Oberst Sulzberger», sondern: «Ein eidgenössischer Oberst.» Noch ein anderer überlegener Nebenbuhler in meiner Andacht erwuchs jetzt dem Oberst Sulzberger: der Riese des Kantons, die Krone der Schöpfung: der Tambourmajor Gerster. Freilich, so hoch hinauf verstieg sich meine

Hoffnung nicht; seufzend verzweifelte ich daran, jemals so groß zu werden wie der Tambourmajor Gerster von Gelterkinden. Ich war wohl größer als die andern Knaben meines Alters, doch leider nicht doppelt so groß. Allein man sollte nie die Hoffnung aufgeben: ich bin später doch Tambourmajor geworden, bei den Basler Kadetten.

Schönthal

ALLES ANDERE ABER drängten bald die Fußreisen nach Schönthal in den Hintergrund, die mein Vater immer häufiger, schließlich fast täglich, mit mir unternahm. In Schönthal suchte er einen Herrn Schaffter auf, der in der Fabrik meines Paten, des Herrn Stehlin aus Basel, angestellt war. Diese Schönthalerreisen hatten für mich einen vielfachen Reiz. Zunächst erhob es mein Selbstbewußtsein, daß ich eine so große Fußreise (eine halbe Stunde Entfernung) hin und zurück auszuführen vermochte, ohne mich nachher im mindesten müde zu fühlen. Dann gab es auf halbem Wege einen umgitterten Hof und in dem Hof einen Mann in Uniform (Invaliden?); er war nicht ganz ein Soldat, aber fast. Dieser beehrte meinen Vater und mich jedesmal, wenn wir vorbeigingen, mit seinem Gruß, was mir im Herzen wohltat. Schon allein wegen dieser Halbkaserne, Alter Spital genannt, freute ich mich auf die Ausflüge nach Schönthal. Wieder etwas Schönes kam, wenn man in der Nähe von Schönthal die Landstraße verließ und rechts das Fußweglein hinunterstieg. Ein unvergleichlich nettes Weglein, wie keine andern Weglein, sauber und glatt wie ein Zimmerboden. Und links vom Weglein, auf der Höhe der Landstraße, wuchs ein grüner Rain mit einem buschigen Wäldchen darauf. Dann in Schönthal die beiden Basler Fabriken des Herrn Bölger und des Herrn Stehlin mit ihren herrschaftlichen Gärten und Landhäusern, mit ihren vergnüglichen Bächlein und Brücklein. Ferner Herr Schaffter selber, der mir gefiel, weil er städtisch gekleidet war, weil er lebhaft und höflich mit einem sprach und weil ich ihn für den Herzensfreund meines Vaters hielt. In Wirklichkeit handelte es sich nicht um Herzensfreundschaft, sondern um Geschäftsfreundschaft. Mein Vater hatte im Plan, gemeinsam mit Herrn Schaffter ein Weinhandlungsgeschäft zu gründen. Endlich etwas Märchenhaftes auf dem Rückwege. Den Rückweg nahm mein Vater mit mir nicht auf dem Fußweglein, auf welchem wir gekommen waren, sondern steil aufwärts die Schönthaler Halde hinan und von dort auf der Landstraße. Auf der Landstraße kam man an einer Baumgruppe zur Linken vorbei, die meine Unerfahrenheit als Wald deutete. Ein Wald aber mitten im Alltagsleben, dicht neben der Landstraße, hatte für mich etwas Unglaubliches, Märchenhaftes. Tief bewegt zog ich jedesmal dort vorbei, mit staunendem Blicke nach den rätselhaften Bäumen, die aus dem Märchenlande bis an die Landstraße herangewachsen gekommen waren, und nachts wiederholte mir der Traum die geheimnisvolle Erdenstelle über Schönthal, wo über den Rand der gemeinen, mit

Bauernkarren und Postwagen besäten Landstraße der leibhaftige Wald ragte. Aber wohlverstanden, ich träumte nicht etwa mit der Phantasie Märchen dorthinein, nicht ein künftiger Dichter staunte die Baumgruppe an, sondern ein geborener Zeichner: ich lernte die Gestalten der Bäume auswendig, unterschied diese Gruppen von allen, die ich bisher geschaut hatte, und sog an der seelischen Stimmung, die sie enthielt.

Eines Tages jedoch, als ich wieder vor meiner Mama meine Freude über die Schönthaler Reisen äußerte, sagte sie nachdenklich, mehr für sich selber als für mich: «Mit den Schönthaler Reisen ist es zu Ende. Wir ziehen ja nach Bern.»

Es kommt anders

DER SOMMER MIT seinen Zukunftsplänen war wurmstichig. Schon bald nach Jahresanfang war etwas anderes im Gange. Mein Vater hatte in Bern unter seinen Kollegen, den Tagsatzungsgesandten, viele Freunde gewonnen, von denen die Mehrzahl jetzt hohe Ämter im neuen Bundesstaate bekleidete und die ihn vermißten. Insonderheit der ‹Chef des Finanzdepartements›, wie man in der Schweiz sagt, oder der Finanzminister, wie man ihn in Deutschland nennen würde, Bundesrat Munzinger, mochte ihn nicht entbehren. In herzlichen Briefen bestürmte er ihn, nach Bern zu kommen. Die Stelle eines eidgenössischen Kassiers war frei geworden; für sie, urteilte Herr Munzinger, eigne sich mein

Vater. Lange sträubte sich dieser, endlich ließ er sich durch die überzeugenden Gründe seines Freundes bekehren, erteilte Herrn Munzinger die Ermächtigung, ihn dem Bundesrat als Bewerber vorzustellen, wurde einstimmig gewählt und aufgefordert, unverzüglich, schon am ersten Juli, also binnen acht Tagen, sein neues Amt anzutreten.

Hiermit war die Notwendigkeit gegeben, schleunig von Liestal nach Bern überzusiedeln und selbstverständlich vor allem seine Entlassung aus dem kantonalen Amt nachzusuchen. Das war augenblicklich zur allgemeinen Zufriedenheit erledigt. Der hastige, überstürzte Umzug dagegen verursachte Aufregungen und Sorgen. Was mit dem Hause beginnen? Was mit den Hausgerätschaften, die man nicht mitnehmen konnte oder mochte? Da hatte zum Beispiel mein Vater für die geplante Unternehmung mit Herrn Schaffter eine Unmenge Wein im Keller. Hauptsächlich um diesen loszuwerden, ließ er sich eine Gantbewilligung erteilen. (‹Gant› heißt bei uns eine öffentliche Versteigerung.) Für das Häuschen fand sich ein Mieter, das war also ebenfalls im reinen.

Und nun ging es an die Abschiedsbesuche. Von diesen ist mir einzig der Besuch bei Fräulein Bahrdt in Erinnerung geblieben. Sie schenkte mir ein unglaublich schönes Schächtelchen, blau, unsäglich schön und rein blau, mit goldenen Zackenlinien in der blauen Fläche, und versprach uns, uns in Bern zu besuchen. Das Schächtelchen stimmte mich fröhlich, während sonst mein Verstand ein ziemlich dummes Gesicht zu der bevorstehenden Übersiedlung machte. Ich wußte nicht recht, sollte ich mich darüber freuen oder nicht. Eigentlich wäre ich ganz gern in Liestal geblieben; es ließ sich alles gerade jetzt so vielversprechend an: die Obersten und der Tambourmajor auf dem Exerzierplatz, das Schönthal mit Herrn Schaffter und dem Wald neben der Landstraße, die unterirdische Base mit den Rosinchen im Gestadeck und noch so vieles. Anderseits mochte ich den Elefanten von Bern doch auch gerne wiedersehen, Abwechslung ist immer angenehm, das schafft Leben, und Agathe kommt ja mit. Übrigens dachte ich nicht viel darüber nach, sondern nahm, was kam, aus meiner Eltern Hand – sie werdens schon wissen, mir ist alles recht, wenn nur überhaupt etwas geht – und freute mich auf die bevorstehende Gant. Schon die Zurüstungen dazu waren genußreich. In der Scheune des Großvaters, wo die Gant stattfinden sollte, wurden ganze Burgen von Möbeln aufgestapelt, anzusehen wie ein Riesenspielzeug. «Oh, das ist doch etwas Lustiges», meinte ich zur Großmutter, «eine Gant»! «Ach nein», seufzte sie, «das ist gar nichts Lustiges.» Der Abschied lag ihr schwer im Herzen und meiner Mutter gewiß noch schwerer. Aber was wußte, was begriff, was ahnte ich von Abschiedsweh und Trennungsschmerz! Ich dachte einzig an die abenteuerliche Gant in der Scheune des Großvaters und des Ünggeli. Wie ein Freudenfest, wie eine allgemeine Liestaler Weihnachtsbescherung stellte ich mir die rätselhafte Gant vor.

ICH BEKAM DIE ersehnte Gant nicht zu sehen. Es wurde nämlich beschlossen, daß mein Vater, der vorausreisen mußte, weil der Amtsantritt keinen Aufschub erlaubte, mich bis Waldenburg mitnehme und dort dem Salomeli übergebe, für die paar Tage, bis Mama mit meinem Bruder und Agathe und dem Hausrat nachgefahren kommen werde.

Und so wurde ich denn eines Morgens von Papa in den Postwagen geschoben, und fort ging es von Liestal. Von Abschiedsgefühlen nicht der mindeste Anflug. Ich war mir in diesem Augenblick keines anderen Ereignisses bewußt, als daß ich wieder nach meinem Waldenburg zum Salomeli dürfe. Ein Reischen, folglich ein Vergnügungsreischen. Meinem Vater aber lag nichts ferner, als mich mit einem Wort auf die Wichtigkeit der Stunde aufmerksam zu machen. Er haßte alle ‹Sentimentalitäten›, sah es gerne, daß ich keine Ahnung davon hatte, daß neben dem Postkutscher das Schicksal saß.

Im Bubendorfer Bad rastete der Postwagen geraume Weile. Während der Rast durfte ich im parkähnlichen, mit Ruhebänklein versehenen Bergwald über dem Kegelplatze Entdeckungsreisen unternehmen, ganz allein; lebte mich auch augenblicklich ein, so daß ich mit Bedauern von dem Walde schied, als Papas Ruf mich zur Fortsetzung der Reise herunterholte. Bei der Bubendorfer Brücke, an der Stelle, wo früher meine Mutter und ich die eigentümliche Landschaftsstimmung verspürt hatten, verkündete mein Vater mit erhobener Stimme sachlich: «Dort geht es nach Bubendorf.» In Hölstein erzählte er von den Verwüstungen, die der Bach vor Jahren durch Überschwemmungen angerichtet hatte. Vor Waldenburg machte er auf den großen Landbesitz des Leuenwirts Jöri aufmerksam: «Der ganze Wald dort oben gehört ihm.»

In Waldenburg, unten vor der Kirche, stiegen wir aus und erwarteten das Salomeli. Die kam eilends aus dem Städtchen herangetrippelt und nahm mich in Empfang, worauf Papa nach einem flüchtigen Gruß mit der Post weiterfuhr. So war ich denn wieder bei meinem Salomeli, folglich glücklich und zufrieden. Zunächst ging sie mit mir zum Förster, der einen lebendigen Fuchs an der Kette hatte, im Hundehäuschen vor der Haustür. Nachdem ich diesen sattsam bewundert, führte sie mich heim zur Tante Tschopp und zum ‹Schwesterlein›. Was ich in den kurzen ein oder zwei Tagen in Waldenburg erlebte, weiß ich nicht mehr. Sicher ist, daß ich mich sofort wieder glücklich fühlte. So glücklich, daß man mich fast mit Gewalt in den Wagen stoßen mußte, als Mama angekommen war und es galt, die Reise nach Bern fortzusetzen. Nur weil das Salomeli bis Langenbruck mitfuhr, ließ ich mich schließlich überreden, einzusteigen.

In Langenbruck wird wohl der Segensspruch der Urgroßmutter stattgefunden haben, der mir so tief im Gedächtnis geblieben ist. Die Erinnerung zeigt mir indessen bloß das Bild, nennt mir zum Bilde nicht zugleich die Jahreszahl. Die Überlegung aber glaubt, es hierhersetzen zu sollen. Denn hier, bei der Auswanderung der ganzen Familie aus der Heimat, war Grund und Anlaß zu pathetischer Stimmung für eine kranke, bresthafte Urgroßmutter. Wann übrigens auch der Segenswunsch stattgefunden haben mochte, der Wunsch ging in Erfüllung. Die beiden Kinder, die einst die Urgroßmutter segnete, haben neben vielem Leid, das keinem Menschen erspart wird – doch Verzeihung! ich nehme mir die Freiheit, diesen Satz nicht zu vollenden.

In Balsthal aßen wir bei Herrn Schenker zu Mittag, draußen vor dem Hause auf der Straße zwischen zwei Granatbäumchen in Kübeln. Herr Schenker war inzwischen Obmann geworden und wohnte jetzt mitten im Dorfe. Während der Zubereitungen zum Mittagessen sah ich zum ersten Male des Lebens ein Hühnchen schlachten. Entsetzlich! Mit dem Messer durch den Schnabel in den Hals!

Hernach nichts mehr. Von der ganzen Weiterreise keine Spur im Gedächtnis. Wahrscheinlich deshalb, weil wir diesmal in einem engen, geschlossenen, mit Personen und Möbelstücken überfüllten Wagen fuhren, der keinen freien Ausblick erlaubte. Als ich am nächsten Morgen aufwachte, hörte ich einen tosenden Lärm, so daß ich zuerst meinte, ich wäre in der Sägemühle des Gestadecks. Ich war aber nicht in der Liestaler Sägemühle, sondern in der Fabrik der Herren Nägeli und Rieter in Holligen bei Bern.

SCHON NACH EINEM halben Jahre hatten wir Kinder die Berner Sprache angenommen, während die Eltern immer ihre heimische Mundart bewahrten. In der Folge verbernerten wir beide ganz und gar, so daß wir später den Schulkameraden in Basel völlig als Bernerbuben erschienen, auch mit unserer Aussprache Lehrern und Schülern anfänglich lebhaftes Ergötzen bereiteten. Nicht das Emmentalerdeutsch eines Gotthelf und Loosli, sondern das Stadtbernische der Tavel und Greyerz.

Im Innersten jedoch, im Herzen, blieben wir Basellandschäftler. Zu lebhaft leuchteten in unserer Erinnerung die tausend und aber tausend Erlebnisse der vier ersten Kinderjahre, zu innig beseelte uns die Anhänglichkeit an unsere Großeltern, Vettern und Verwandten, zu zahlreiche Freunde, Bekannte und Gönner hatten wir zurückgelassen, als daß wir uns dessen hätten entledigen können. Wir fühlten uns in Bern von der ersten Stunde an als Abwesende und bald als Verbannte. Mit der Zeit übernahm uns ein sehnsüchtiges Heimweh, das den Hintergrund unseres gesamten Gefühlszustandes bildete und mit den Jahren nicht abnahm, vielmehr immer deutlicher ins Bewußtsein emporwuchs. Das Wort ‹Heimweh› kannten wir zwar nicht, und das Wort ‹Heimat› verstanden wir nicht. Anders als unsere Mutter, deren Augen feucht erglänzten, wenn wir kräftig und ruhig sangen «Heimat, Heimat über alles». Aber die Sache kannten wir: die glühende Sehnsucht nach den zurückgelassenen lieben Menschen und trauten Örtlichkeiten.

Ein Wort war es, das unsere Sehnsucht im Traum und im Wachen seufzte: das Wort Liestal. Mit Liestal meinten wir nicht das Städtchen, denn mit diesem verbanden uns nur wenige und verhältnismäßig unbedeutende Erinnerungen, sondern vor allem die lieben Menschen, die in Liestal wohnten, die Großmutter, der Großvater, der Ünggeli und so weiter, sodann in zweiter Linie das Haus und die Umgegend des Hauses, wo sie wohnten, also die Brauerei. Nicht etwa das Häuschen unseres Vaters; denn alles, was einst Liebes darin gewesen war, war ja mit uns nach Bern gezogen: Mutter, Vater und Agathe. Fremde Menschen hausten jetzt darin, es galt unserm Herzen für leer, wir würdigten es, wenn wir in den Ferien nach Liestal reisten, keines Blickes.

Von der Heftigkeit unseres Heimwehs kann ein anderer sich schwer eine Vorstellung machen; zumal es sich um Kinder handelt, von denen doch die Sage geht, sie lebten in den Tag hinein. Wo fange ich an, um von den tausend Proben einige zu berichten? Der Spaziergang nach dem beliebten Ausflugsort Enge lud unser Herz mit Wehmut, weil dort die Aare zu sehen ist, die in der Richtung gegen Liestal strömt. In der Gerechtigkeitsgasse, an der linken Ecke gegen das Rathaus, neben dem Apotheker Müller, gab es ein Haus, das von außen wie die gemeinen Häuser aussah, aber aus dem Hofe innen im Hause fuhr der Postwagen nach Liestal, und zwar, wie Papa uns sagte, nicht bloß ein- oder zweimal im Jahr, sondern täglich. Es gab also Pferde, sogar

Menschen: einen Kutscher und einen Kondukteur, die Glücklichen, die jede Woche nach Liestal fahren durften! Ja warum, wenn man es doch kann, fahren nicht alle Menschen alle Wochen nach Liestal? Und wenn die andern Menschen nicht wollen, warum nicht wir? Jammervolle Traurigkeit schlug uns nieder, wenn irgendein Umstand uns an dieses Posthaus erinnerte; besser gar nicht daran zu denken.

Einmal machten unsere Eltern in Gesellschaft anderer mit uns eine Spazierfahrt in die Nähe von Schönbühl. Wir wußten, daß Schönbühl die erste Poststation auf dem Wege nach Liestal ist. Da bettelten wir allen Ernstes, doch weiterzufahren, da wir doch schon unterwegs seien, und konnten nicht begreifen, warum wir statt dessen rückwärts nach Bern kehrten. Ebenso später, als wir mit der Schule ein Reischen nach dem Weißenstein machten. Auf einer Anhöhe über Solothurn zeigte ein Lehrer gegen das Hauensteingebirge: «Dort geht es nach Langenbruck und Liestal», verkündete er. Nun also! Wenn es doch dort nach Liestal geht, warum gehen wir nicht nach Liestal statt auf den unnützen Weißenstein? Im wachen Zustande drängten die täglichen Sorgen und Vergnügungen das Heimweh in den Hintergrund. Aber von Zeit zu Zeit die nächtlichen Träume! Wenn mein Bruder eines Morgens zu mir oder ich zu ihm sagte: «Ich habe von Liestal geträumt», so verstanden wir einander und seufzten. Das gemeinsame Heimweh vornehmlich hat uns die Bruderliebe gelehrt. Wohl kam ab und zu dieser oder jener der schmerzlich Vermißten auf Besuch zu uns nach Bern, und solche Besuche wurden als Herzerquickung mit jubelnden Freudenstürmen begrüßt, allein das war ein Trost, nicht eine Erfüllung; die Ankunft eines einzelnen schürte die Sehnsucht nach sämtlichen.

Nur eines half zum Glücke, zum zeitweiligen Glücke wenigstens: die Ferienreise nach Liestal, wenn sie uns erlaubt wurde, und sie wurde uns fast alle Jahre einmal erlaubt. Ha, wie da unsere Herzen klopften! Wie wir angstvoll zwischen Furcht und Seligkeit die letzten Tage und Stunden vor der Abreise im Erwartungsfieber dahinlebten, besorgend, es könnte noch in der letzten Minute ein dummes Hindernis dazwischenplumpsen. Mein Bruder freute sich einmal in der letzten Nacht vor der Abreise so unsinnig, daß er am Morgen sich krank meldete und die Liestaler Reise unterbleiben mußte. Ich kann es ihm noch heute nicht recht verzeihen.

Der Weg aber, der nach Liestal führte, wurde uns zur heiligen Straße. Natürlich! er führte doch in die Seligkeit. Oh, wie wir den auswendig kannten! Zuerst Schönbühl. Dort entschied es sich. Wenn man beim Gasthof Schönbühl um die richtige Ecke herum war, in der Richtung gegen Utzenstorf und Jegenstorf, so war man gerettet. Nichts konnte einen mehr zurückholen. Aber die richtige Ecke mußte es sein; denn es liefen eine Menge Straßen bei Schönbühl nach allen Richtungen. Zum Beispiel nach Biel. Weswegen läuft eine Straße nach Biel? Gibt es denn auf der Erde Menschen, so verstandesblöde, so stumpfsinnig, so glückblind, daß sie nach Biel mögen statt nach Liestal? Kaum zu glauben. Aber es scheint so. Hinter Schönbühl mußte man

Geduld schöpfen, denn bis Solothurn wurde es langweilig. Mit Solothurn hatte man die Hälfte gewonnen. Dürrenmühle und die Klus winkten als die ersten heimatlichen Grüße aus der Ferne. Langenbruck, nun ja, die Urgroßmutter wohnt dort, das ist schon etwas, obschon noch nicht das Rechte, mehr nur eine Andeutung. Dagegen Jöris Gärtlein und die Waldenburger Schloßruine, o Wonne! das ist schon halb Liestal. Jetzt Herz und Augen auf! – Aber warum dauert es von Waldenburg nach Liestal noch so unvernünftig, so endlos lange? Was soll das für einen Zweck haben? Gar nicht zu erleben. – Endlich, endlich heißt es: «Seht ihr dort den Kirchturm von Liestal?» Da tanzte die Ungeduld eine Erlösungspolka. Und das erste Mal, daß wir in den Ferien nach Liestal durften, tastete ich am nächsten Morgen im Halbschlaf mit der Hand an die Tapete, ob es auch zweifellos wahrhaftig wahr sei, daß ich nicht bloß im Traum, sondern in haltbarer, gegenständlicher Wirklichkeit die Glückseligkeit erlebte, im leibhaftigen Liestal aufzuwachen, in der Brauerei, beim Großvater, bei der Großmutter, beim Ünggeli und allem andern, was das Herz heilt.

Zum Text

Nachdem am 9. März 1913 die Mutter des damals 68jährigen Carl Spitteler gestorben war, entschloß sich dieser, seine ersten fünf Kinderjahre «im Andenken an meine liebe Mama» zu schildern. Sein «Denkmal kindlicher Dankbarkeit» erschien 1913/1914 erstmals in der Zeitschrift »Süddeutsche Monatshefte« und in Buchform sodann im Jahre 1914 bei Eugen Diederichs in Jena.

ANHANG

ANMERKUNGEN

Seite 9 *des Großvaters:* Andreas Brodbeck (1791–1863)

Seite 9 *Langen Hag:* am Weg vom Obern Tor zum Steinenbrücklein in Liestal, Spittelers Geburtsort (Baselland)

Seite 10 *Großmutter:* Verena Brodbeck-Dettwiler (1797 bis 1880)

Seite 16 *Mein Vater:* Karl Spitteler (1809–1878). Regierungsstatthalter, dann Staatsschreiber von Baselland. Abgeordneter zur Tagsatzung 1847/48, Mitglied der Revisionskommission zur Beratung der neuen Bundesverfassung, 1849–1857 eidgenössischer Staatskassier, 1860 Mitglied des baselländischen Obergerichts, zeitweise auch dessen Präsident.

Seite 18 *Schenkeli:* süßes Gebäck aus Eiern und Butter samt Zutaten, in der Form eines Hühnerschenkels

Seite 18 *Leckerli:* kleine Honiglebkuchen; Basler Spezialität

Seite 18 *Langenbruck:* auf der Paßhöhe des obern Hauenstein gelegenes Dorf (Baselland)

Seite 19 *Mutter:* Anna Dorothea Spitteler-Brodbeck (1827–1913), heiratete 1843

Seite 19 *Tante Gotte:* die Frau des in Basel lebenden Friedrich Brodbeck-Spitteler

Seite 24 *Die konnte mirs:* soviel wie: die tat mir's an

Seite 24 *Stapfelgäßlein:* ansteigende Gasse mit Treppenstufen

Seite28 *Beggli:* Böcklin

Seite 28 *Arnold:* Arnold Böcklin war ein erstes Mal von 1850–1856 in Rom

Seite 31 *Sanders:* »Wörterbuch der deutschen Sprache« von Daniel Sanders (1819–1897)

Seite 33 *Götti:* Rudolf Brodbeck (1797–1863), Bruder des Großvaters Andreas Brodbeck

Seite 34 *Überfall der Basler:* am 21. August 1831 im Zuge der »Dreißigerwirren«, die zur Trennung des Kantons Basel in die Teile Baselstadt und Baselland führten.

Seite 36 *»Er ist so nah ...«:* leicht abgewandeltes Eigenzitat Spittelers (aus dem Gedicht »Ein Bildchen«)

Seite 38 *Doktor Fein:* Georg Fein (1803–1869), deutscher Politiker, flüchtete in den dreißiger Jahren aus politischen Gründen in die Schweiz, wurde 1836 ausgewiesen, kehrte jedoch in die Schweiz zurück, 1845 gefangengenommen, nach Österreich abgeschoben und nach Amerika deportiert. 1848 wieder in Deutschland, dann in Liestal, dessen Bürgerrecht ihm geschenkt wurde und wo er eine »Fortbildungsschule« gründete.

Seite 43 *Onkel Henri:* Heinrich Leonhard Brodbeck (1825–1859), zeitweise in Bombay als Kaufmann tätig

Seite 44 *Ünggeli:* Carl Andreas Brodbeck (1835–1913)

Seite 45 *ein zweiter Adolf:* Bruder des Dichters (1846 bis 1940). Ein weiterer Bruder, Gustav, war 1851 als kleines Kind gestorben.

Seite 48 *Kirschbaum der Aphrodite:* im »Olympischen Frühling«, 4. Teil, 1. Gesang

Seite 48 *Nußbaum der Pandora:* in »Prometheus und Epimetheus«, 2. Teil, 1. Kapitel

Seite 48 *Gras des Baldur:* im Gedicht »Hertha«

Seite 48 *Korn der Mittagsfrau:* im Gedicht »Die Mittagsfrau«

Seite 50 *Oberst Sulzberger:* Johannes Sulzberger (1800 bis 1879), aus dem Thurgau gebürtig, damals basellandschaftlicher Miliz-Inspektor, später kantonaler Instruktor

Seite 53 *Waldenburg:* im Baselland, hatte damals etwa 700 Einwohner

Seite 55 *Urgroßmutter:* Verena Dettwiler-Jenni (1772 bis 1854)

Seite 64 *»Möchte wissen ...«:* leicht abgewandeltes Eigenzitat Spittelers (aus dem Gedicht »Das bescheidene Wünschlein«)

Seite 68 *passementerie:* frz. passement = Borte, Tresse; passementerie: Posamentierwaren

Seite 69 *Bechstein:* Ludwig Bechsteins »Deutsches Märchenbuch« mit Bildern von Ludwig Richter war 1845 erschienen

Seite 73 *Schlacht gegen die Basler:* am 21. August 1831 (s. o. zu S. 34)

Seite 74 *Jubelhalle des Zeus:* im »Olympischen Frühling«, 1. Fassung, 4. Teil

Seite 75 *Tagsatzung:* Konferenz der eidgenössischen Kantone in derZeit vor der Gründung des Bundesstaats 1848

Seite 75 *Sonderbundskrieg:* der katholischen Schweizer Kantone Luzern, Uri, Schwyz, Unterwalden, Zug, Freiburg und Wallis gegen die liberalen Stände, deren Truppen am 23. November 1847 einen relativ unblutigen Sieg errangen. Der Sonderbund wurde aufgelöst.

Seite 79 *Antlitz der Meduse:* wer es sieht, erstarrt zu Stein. In dieser Weise bei Homer und Hesiod beschrieben.

Seite 85 *Reise der Gotteskinder:* in »Prometheus und Epimetheus«, 2. Teil, 2. Kapitel

Seite 89 *Treckschuit:* vom holländischen »Trekschuit« = vom Land aus geschleppter Lastkahn

Seite 90 *Struwelpeter:* Heinrich Hoffmanns Kinderbuch erschien 1848

Seite 93 *»Es muß doch Frühling werden ...«:* Zitat aus Emanuel Geibels Gedicht »Hoffnung« (in »Zeitstimmen«, 1846)

Seite 101 *Stutz:* steiler Hang (schweizerisch)

Seite 104 *Alten Garde:* des Dichters Großvater war 1812 mit Napoleon nach Rußland gezogen

Seite 106 *Witwe Zschokke:* Laurentine Zschokke-Vögtlin

(1820–1865), Gattin von Julius Zschokke (1816–1845), dem 7. Sohn des Schriftstellers Heinrich Zschokke.

Seite 107 *Als jungem Mann in Rußland:* Spitteler war von 1871 bis 1879 fast andauernd in Rußland

Seite 109 Weißenstein: Aussichtsberg im Solothurner Jura

Seite 112 *Oberst Frey-Hérosé:* Friedrich Frey-Hérosé (1801–1873), Generalstabschef im Sonderbundskrieg, von 1848 bis 1867 Bundesrat

Seite 112 *Oberst Sulzberger:* s. o. zu S. 50

Seite 114 *schwarzen Elefanten:* lebensgroßes Bild, zu Ende des 18. Jh. im Alten Kasino gezeigt, blieb bis Ende der 1850er Jahre im Berner Gesellschaftshaus zu Schuhmachern (Marktgasse) erhalten. Seither verschwunden.

Seite 115 *Oberst Gerwer:* Karl Friedrich Gerwer (1806 bis 1876), Oberrichter

Seite 120 *Vater:* er war Mitglied der Revisionskommission gewesen, welche den Entwurf für die neue Bundesverfassung auszuarbeiten hatte. Sie hatte vom 17. Februar bis zum 8. April 1848 getagt.

Seite 128 *Oberst Sulzberger:* s. o. zu S. 50

Seite 135 *Schragen:* schräges Gestell, Lager (schweizerisch)

Seite 144 *Glockenjungfern:* »Die Glockenjungfern«, Gedicht von Spitteler

Seite 145 *Ergolz:* Fluß in Baselland, fließt an Liestal vorbei und mündet bei Augst in den Rhein

Seite 145 *»Im Blicke fliegt . . .«:* gekürztes Eigenzitat Spittelers aus dem »Olympischen Frühling«, 1./2. Gesang

Seite 145 *»Freischütz«:* Spitteler widmete dieser Oper von C. M. v. Weber später eine Rezension (Neue Zürcher Zeitung, 30. 10. 1891)

Seite 146 *Bahrdt:* Friedrich Paul Adolf Barth (1811–1872), deutscher Politiker, von 1834 bis 1836 als politischer Flüchtling bei

Wilhelm Snell in Bern, dort ausgewiesen, dann aber 1839 in Oltingen (Baselland) eingebürgert, wirkte als Rechtsanwalt in Liestal.

Seite 146 *Schwester:* entweder Anna Maria (*1813) oder Elise Auguste Rosalie (*1819).

Seite 152 *Schaffter:* Angestellter der Firma Stehlin in Schönthal, seit 1864 in Basel

Seite 153 *Bölger:* Markus Bölger-Huber (1785–1864)

Seite 153 *Stehlin:* Johann Georg Stehlin-Dobler (1806 bis 1871)

Seite 154 *Bundesrat Munzinger:* Martin Josef Munzinger (1791–1855), liberaler Solothurner Staatsmann, 1831 im Kleinen Rat, von 1848 bis 1855 Bundesrat

Seite 159 *Schenker:* vielleicht Friedrich Schenker (1811 bis 1868), solothurnischer Regierungsrat

Seite 160 *Loosli:* Carl Albert Loosli (1877–1959), Berner Publizist und Schriftsteller

Seite 160 *Tavel:* Rudolf von Tavel (1866–1934), Berner Erzähler

Seite 160 *Greyerz:* Otto von Greyerz (1863–1940), Professor in Bern, Lustspieldichter, Gründer des Heimatschutztheaters

ARTEMIS – BIBLIOTHEK

1 DAPHNIS UND CHLOE
Ein Hirtenroman von Longos

2 GIOVANNI BOCCACCIO
Das Faß der Peronella und andere Geschichten

3 DIE WEISSE KATZE
Klassische französische Märchen

4 MATTHIAS CLAUDIUS
Gespräch mit den Gestirnen · Gedichte und Betrachtungen

5 CHARLES DICKENS
Eine Christnachts-Geistergeschichte

6 LEO TOLSTOI
Wieviel Erde braucht der Mensch · Erzählungen

7 BEIM BARTE DES PROPHETEN
Arabische Sprüche und Geschichten

8 DER VOGEL VOM GOLDENEN LAND
Irische Märchen

9 E. T. A. HOFFMANN
Nußknacker und Mausekönig

10 Robert Louis Stevenson
Der seltsame Fall des Dr. Jekyll und Mr. Hyde

11 Weihnachtsgeschichten aus Russland
Erzählungen von Gogol, Dostojewskij, Leskow und Tschechow

12 Alphonse Daudet
Das Maultier des Papstes

13 Marie v. Ebner-Eschenbach
Komtesse Muschi/Die Freiherren von Gemperlein

14 Eine Liebesgeschichte
Von Enea Silvio Piccolomini, nachmaligem Papst Pius II.

15 Jean-Jacques Rousseau
Die Träumereien des einsamen Spaziergängers

16 Miguel de Cervantes
Die Macht des Blutes · Erzählungen

17 Glück im Unglück
Die abenteuerliche Geschichte von Apollonius, dem König von Tyrus

18 Blumenmärchen
Brüder Grimm · Ludwig Bechstein · Hans Christian Andersen · Oscar Wilde · Albin Zollinger

19 Der heilige Abend
Von Adalbert Stifter

20 Gottfried Keller's Traumbüchlein

21 Mozart
Dichtungen von Hoffmann, Puschkin und Mörike

22 Perrault
Die Märchen

23 Judith Esther Ruth
Drei Geschichten aus dem Alten Testament

24 Spitteler
Meine frühesten Erlebnisse

25 Dir selber treu
Antike Lebensweisheiten von Epiktet und Musonius

26 Tschechow
Die Braut und andere Liebesgeschichten